ISBN 978-3-649-64074-5

© 2021 Coppenrath Verlag GmbH & Co. KG,
Hafenweg 30, 48155 Münster, Germany
Überarbeitete Neuausgabe mit Texten und Illustrationen aus
Josef, es ist ein Mädchen!, Maria, du strahlst so! und
Maria, wir brauchen einen Krippenplatz!

Grafische Gestaltung: Thomas Wolters, Internetlitho
Redaktion: Kai König
Alle Rechte vorbehalten

Printed in Slovakia

www.coppenrath.de

Josef,
es ist ein Mädchen!

Mit Illustrationen
von Thorsten Saleina

COPPENRATH

Inhalt

Einnachten, Zweinachten

Frantz Wittkamp

Einnachten, Zweinachten.
Deinnachten, Meinnachten.
Nur nicht Alleinnachten!
Bald schon Vorbeinachten.
Fröhliche Weihnachten!

Um Himmels willen

EINE WEIHNACHTSGESCHICHTE

Nicole Franz

In der Krippe lag ein Mädchen. Fassungslos starrte Josef auf das winzige Neugeborene im Stroh.

Zuerst war Maria und ihm gar nicht aufgefallen, dass etwas Entscheidendes fehlte zum angekündigten Gottessohn. Kaum hatte sich das kleine Wesen aus Marias Bauch gekämpft und mit einem Schrei ins Dämmerlicht der Scheune befreit, waren sie zu überwältigt gewesen von Ehrfurcht und Erschöpfung.

Außerdem verließen sie sich doch auf das Wort eines Erzengels, wonach Maria einen Jungen zur Welt bringen würde, und wer waren sie, eine göttliche Prophezeiung infrage zu stellen? Aber als Josef das Kind hochgehoben hatte, um die Nabelschnur zu durchtrennen, stellte er fest, dass da wohl etwas nicht stimmte.

„Es ist ein Mädchen, Josef! Aber es muss ein Junge sein! Schau noch einmal genau nach, vielleicht ist er ja versteckt."

Nein, es war ein Mädchen, gesund und kräftig. „Wie sollen wir es denn jetzt nennen? Jesus kann sie ja nicht heißen", witzelte Maria.

Aber Josef war nicht nach Späßen zumute. „Er hat ganz sicher gesagt, es wird ein Junge!" Auf einmal klopfte es an der Scheunentür. Sollten das etwa schon die Hirten sein? Oder die Heiligen Drei Könige? Josef hatte in der Aufregung völlig vergessen, dass mit der Geburt des Heilands (der Heiländerin?) der Trubel erst richtig losgehen würde.

„Wir sagen erst einmal gar nichts. Unter Umständen klärt sich das Ganze von allein auf ", konnte er Maria gerade noch zuraunen, bevor die Tür aufschlug. Dann drängten sich schon die ersten Schafe herein. Draußen war es kalt, und im Nu hatten Herde und Hüter den ganzen Raum ausgefüllt. Maria und Josef zogen sich in eine der hinteren Ecken zurück, einerseits weil sie an der Krippe ohnehin erst einmal nicht vermisst wurden, andererseits wegen des strengen Geruchs, den Tiere und Männer ausdünsteten.

Das Baby begann zu schreien. Die Hirten fielen ehrfürchtig auf die Knie. Auch Maria musste sich setzen. Sie hielt sich ihr Kopftuch vor die Nase. Josef schob ihr ein Bündel Stroh hinter den Rücken und versuchte, sie zu beruhigen. „Es heißt, Könige bringen zu solchen Gelegenheiten Weihrauch mit. Das wird den Gestank ein bisschen überdecken", sagte er. Aber die Heiligen aus dem Morgenland ließen auf sich warten.

Die Hirten waren einfache Männer, die Tag und Nacht draußen verbrachten, ungewaschen und gesellig. Selten sah man sie ohne ihre Hunde. Nur wenige suchten ihre Nähe.

Wer allerdings wissen wollte, wie das Wagenrennen in Nazareth ausgegangen war oder der Ringkampf in Kapernaum, kam an ihnen nicht vorbei, denn sie streiften weit durch die Lande. Sie hatten oft den richtigen Riecher, wenn es um den neuen Champion im Kolosseum ging. Ihre Tipps waren begehrt und teuer. Sie zogen mit ihren Herden von Stadt zu Stadt, von Weide zu Weide, und kehrten gern ein, wo etwas los war: Wettkämpfe, Märkte, Steinigungen.

Seit Wochen hatte jeder Bewohner von Judäa, der nicht taub oder tot war, vom Schafhirten seines Vertrauens gehört, dass bald ein Erlöser geboren werden sollte, ein Gottessohn, der Retter der Welt.

Die Nachricht hatte eingeschlagen wie der Blitz in den Ölberg. Im Nu vertonten die ersten Straßenmusiker die Prophezeiung, wie immer in der Hoffnung, endlich unter die ersten drei „Weisen aus dem Morgenland" zu kommen, Winzer nannten ihre Weinsorten „Frucht Mariä" oder „Josefs Bester" und ein Seifenhändler sprach sogar frech von „unbefleckter" Empfängnis dank seines Erzeugnisses.

Josef hatte der Aufruhr um den kommenden Heiland kaltgelassen. Er war Zimmermann, pragmatisch und skeptisch, auch in diesen Zeiten. Wunder erwartete er als Letzter. Bis er diesen Traum gehabt hatte. Danach war sowieso alles anders geworden.

Natürlich hatte Maria eine Weile gebraucht, bis sie begriff, dass sie den Herrscher der Welt im Leib trug, und seine Eltern hielten Josefs Geschichte von der nächtlichen Prophezeiung nach wie vor für das Resultat eines feuchtfröhlichen Richtfestes.

Aber Josef hielt von nun an die Ohren offen und versuchte mehr darüber herauszufinden, wie genau der neue Heiland auf die Welt kommen sollte. Schließlich wollte er alles richtigmachen und der Prophezeiung des Engels keine Steine in den Weg legen. Mit einem Hanfseil, in das sie in kleinen Abständen Knoten geschlungen hatte, kontrollierte Maria jetzt täglich ihren Leibesumfang. Josef tat vor Herzklopfen kaum ein Auge zu. Er kleidete sich sauberer und ordentlicher als sonst, hörte mit dem Rauchen auf und verabschiedete sich zu Marias Entzücken sogar

von seiner Vorliebe, nach dem Frühstück länger als nötig an der Grube hinter dem Haus zu sitzen. Der Gedanke, vielleicht während seiner Morgensitzung vom Boten Gottes aufgesucht zu werden, um noch letzte Anweisungen zu erhalten, behagte ihm gar nicht. Für sein Gemüt war es schon eine Zumutung gewesen, so einem im Traum zu begegnen. Einen Traum wie diesen hatte er noch nie geträumt:

Er hatte im Haus seines Vaters gekniet und war dabei gewesen, einen Holzboden aus Zahnstochern zu verlegen. Hölzchen an Hölzchen fügte er zu einem komplizierten Muster, als auf einmal ein leibhaftiger Engel hinter ihm stand und sprach: „Josef, was, um Gottes willen, tust du da?"

Josef zuckte unwillkürlich zusammen. „Ich verlege Zahnstocher." Der Engel trat ein. Mit dem Saum seines langen Gewandes vernichtete er die Arbeit der letzten Stunden.

Während Josef noch darüber nachdachte, ob er träumte oder warum es ihn gar nicht irritierte, dass er Zahnstocher zu Parkett verarbeitete, erwiderte der Engel: „Du wurdest nicht geboren, um im Hause deines Vaters auf Knien herumzurutschen." Das leuchtete ihm irgendwie ein und so stand er auf. Da sprach der Engel weiter: „Geh hinaus zu deinem

Weib, pack ein paar Sachen zusammen und sag deinen Eltern auf Wiedersehen. Es wird endlich Zeit, dass du für deine eigene Familie den Boden bereitest. Josef und Maria werden einen Sohn bekommen, und der wird sich auch um deinen Vater kümmern."

Josef sah die Zahnstocher zu seinen Füßen an. „Und was soll mit dem Parkett werden?"

Ihm entging nicht der abschätzige Blick, den der Geflügelte auf den Boden warf, als er antwortete: „Josef, wahrlich, ich sage dir, nimm ein Hölzchen aus dem Stapel heraus, ohne dass ein anderes wackelt, und dir wird geholfen werden." Doch bevor Josef zu einem Zahnstocher greifen und ihn ganz herausziehen konnte, war er aufgewacht.

„Ich hätte bestimmt nicht gewackelt!" Im Stall war die Luft nicht besser geworden.

„Was sagst du?" Maria kämpfte sich mit einer dampfenden Schale Tee, die sie von den Hirten im Tausch gegen ein Stück Windel erworben hatte, durch die Schafherde hindurch. Josef winkte ab. „Ach nichts. Ich musste nur eben an meinen Traum denken, weißt du, den mit der Prophezeiung."

Maria seufzte und legte sich das Strohbündel noch einmal zurecht, bevor sie sich neben ihn fallen ließ. „Ich hatte es mir auch anders vorgestellt, die Mutter

Gottes zu sein. Irgendwie erhabener – war es denn wirklich nötig, nach Bethlehem zu wandern, um das Kind zu bekommen? Ich meine, es gab doch eine Menge leerer Wohnungen, in die wir hätten ziehen können… Und wo bleiben die Heiligen Drei Könige mit ihrem Weihrauch? Ich frage mich, wie die Kleine den Gestank erträgt!"

„Psst!", zischte Josef. In diesem Moment erbebte die Hütte.

Mit einem Satz waren alle Schafe auf den Beinen, Hirten und Hunde drängten sie nach draußen, Maria stürzte zur Krippe und riss ihre Tochter heraus, bevor sie von der Stampede zu Boden geworfen wurde.

Erschrocken schnappte sich Josef die beiden und drängte sie wieder in eine Ecke. Dann sprang er durchs Fenster nach draußen. Es gelang ihm, den ältesten der Hirten am Ärmel zu fassen und zurückzuhalten. Das Geblöke der Tiere war ohrenbetäubend, er musste den Mund dichter an das Ohr des Mannes legen, als es seine Nase erlauben wollte. „Was ist los? Warum haut ihr alle auf einmal ab?" Der Hirte aber zeigte nur Richtung Süden und schenkte ihm sein zahnloses Lächeln.

Dort, wenige hundert Meter von ihnen entfernt, über einer der benachbarten kleinen Scheunen, strahlte am Himmel ein wirklich eindeutig göttlicher Hinweispfeil. Das Innere der Hütte leuchtete so hell, dass Josef die drei kostbar gekleideten Männer vor der Krippe sofort erkannte.

Der Hirte klopfte ihm freundschaftlich auf die Schulter und eilte den anderen wieder hinterher. „Ihr habt euch geirrt? Aber ihr seid doch die Hirten! Ich dachte, auf eure Informationen ist Verlass? Ich dachte, ihr habt den richtigen Riecher?", rief Josef ungläubig.

„Na ja, wir waren dicht dran!", hörte er den Mann noch antworten. Josef setzte ihm ein Stück weit nach. „Wir haben ein Mädchen!"

Da blieb der Mann stehen, drehte sich noch einmal zu ihm um und lachte: „Und du hättest garantiert gewackelt."

Lichterhelle Weihnachtszeit

Verfasser:in unbekannt

1. Advent: Besinnlich und friedlich soll sie werden, die Vorweihnachtszeit. Habe das auch meinem Nachbarn erläutert, der mir darin voll zustimmt. Die kalte Witterung lässt die Gedanken klarer hervortreten, der Alltag mit seinen dummen Streitereien tritt zurück und macht wirklich Wichtigem Platz. Mein Nachbar hat mir erzählt, dass er in diesem Jahr seine Tanne im Garten mit hübschen Lichtern schmücken will. Wegen der Stimmung. Finde das toll.

5. Dezember: Seit gestern hat mein Nachbar einen Tannenbaum illuminiert. Kleine Lämpchen, circa 20 Stück, weiß. Sieht hübsch aus, sagt die ganze Nachbarschaft. Habe beschlossen, solidarisch an der weihnachtlichen Ausschmückung der Nachbarschaft mitzuwirken, und mich darum im Baumarkt nach kleinen Lämpchen umgesehen. Natürlich sollten es nicht zu wenige sein, wegen der Wirkung. Erstand kurzentschlossen eine 50er-Lichterkette mit extrastarken Lämpchen, brillantweiß. Werde sie gleich heute Abend montieren.

7. Dezember: Komische Sache. Mein Nachbar scheint meinen Wunsch zur gutnachbarlichen Zusammenarbeit zwecks Verschönerung der Straße missverstanden zu haben. Heute Morgen waren bei ihm sämtliche Tannenbäume, zwei Kirschbäume und eine Platane mit Lichterketten versehen. Eine flüchtige Zählung mit dem Feldstecher ergab im Durchschnitt circa 80 Lämpchen je Baum. Soll das etwa ein Wettkampf werden? Ist doch erwachsener Menschen unwürdig!

11. Dezember: Kam heute Mittag zufällig am Baumarkt vorbei. Wusste gar nicht, dass man bei Abnahme von 15 Lichterketten à 150 Leuchteinheiten Sonderrabatte erhält. Besonders effektvoll sollen blinkende Ketten sein, vorzugsweise die 250er-Einheiten mit Hochspannungssicherheitstransformator und induktivem Schalter. Will das Ganze aber nicht übertreiben, habe daher für die große Tanne lediglich zwei davon gekauft. Komme unter Einsatz von zwei Gummibäumen auf jetzt 14 illuminierte Gewächse. Ein Hauch des Friedens geht von meinem Garten aus.

13. Dezember: Eine Kampfansage! Mein verschwendungssüchtiger Nachbar hat den kompletten Zaun mit Leuchtkörpern behängt. Circa 1.000 rhythmisch blinkende Lampen in den geschmacklosesten Farben. Was für eine proletarisch-billige Form der Weihnachtsbeleuchtung! Das bestätigte mir auch mein Elektriker, der an unserer Fassade Leuchtsterne und biblische Motive angebracht hat und meinte: „Wenn schon Beleuchtung, dann aber mit leuchtstarken Halogenstrahlern wie diesen hier!"

16. Dezember: Die rhythmisch blinkenden Figuren an sämtlichen Fenstern des Nachbarn verursachen mir seit Tagen schlimme Kopfschmerzen, die auch bei intensiver Betrachtung meiner neu angebrachten 5.000 Watt Lichtbogenhimmelsstrahler nur unwesentlich besser werden. Sie werfen rhythmisch zuckende Lichtfinger in den wolkenverhangenen Himmel und geben einen interessanten Kontrast zu den lasergesteuerten Beamern, die auf die Wolken grell leuchtende Bilder mit Szenen aus der Weihnachtsgeschichte malen. Dagegen sind die neu installierten Lauflichter an den Fassadenkanten des Hauses meines intriganten Nachbarn geradezu lächerlich.

19. Dezember: Hatte heute Besuch eines Technikers der städtischen Stromwerke, der den enormen Anstieg meines Stromverbrauchs für einen Defekt im Leitungssystem hielt. Unsere Unterhaltung wurde stark gestört durch das elektrische Glockenspiel auf dem Nachbargrundstück, das mit 38 Kupferglocken die bekanntesten 40 Weihnachtslieder erklingen lässt. Der Techniker empfahl mir, einen 20 KV-Industrietrafo einbauen zu lassen und im Abrechnungssystem auf eine Gewerbeabrechnung für mittelgroße Betriebe umzusteigen, wegen der günstigeren Grundgebühren.

Beim Weggehen meinte er kopfschüttelnd, ob ich nicht etwas gegen dieses Glockengeläut unternehmen wolle. Zeigte ihm meine neuen 2.000 Watt Außenlautsprecher mit Ultra-Subwoofern und die zugehörige Abspielstation für die CD mit dem Lied „Stille Nacht". Gehe heute Abend auf Sendung.

20. Dezember: Habe einen weiteren Beamer installiert, der auf das Garagentor die Neuverfilmung der Geschichte Christi projiziert. In Reserve halte ich noch eine Kopie des Films „Die zehn Gebote". Da kann mein geschmackloser Nachbar mit seinen Außenlautsprechern und dem Hörspiel der Weihnachtsgeschichte natürlich einpacken, zumal der Schneewerfer auf meinem Dach durch die erzeugten Schneemengen alle Geräusche stark zu dämpfen pflegt. Mehrere strategisch angebrachte Heizstrahler halten meine beleuchteten Gartenbäume schneefrei.

22. Dezember: Die Menschenmassen in unserer Straße nehmen langsam unübersehbare Ausmaße an. Dabei kann ich voller Stolz feststellen, dass das Ausblasen von feinen Silbersternen vor dem Haus die allgemeine Bewunderung auf diese Seite der Straße konzentriert. Da kann auch das Rentiergespann meines Nachbarn nichts dran ändern. Zumindest seit ich einen Stand für Getränke und Gebäck eingerichtet habe.

24. Dezember: Etwas Merkwürdiges ist passiert. Die Stadtverwaltung hat alle weihnachtlichen Zurschaustellungen in meiner Straße verboten, mit dem völlig irrelevanten Argument, hier werde ein nicht genehmigter Weihnachtsmarkt abgehalten. Bin fassungslos. Und das an Weihnachten, dem Fest des Friedens und der Besinnung!

Die Mutter aller Sätze

Jess Jochimsen

Der eine schlimme Muttersatz, den ich mir sehr lange anhören musste, lautet: „Wann bist du denn mit dem Studium fertig?" Ich war keine zwei Wochen in der fremden Stadt, hatte die Uni genaugenommen von innen noch gar nicht gesehen, aber schon zwanzigmal mit meiner Mutter telefoniert, die von mir wissen wollte, wie es mir denn gefalle, was ich denn schon gelernt habe, „hast du denn auch schon Freunde gefunden, mein Sohn?", und eine Freundin vor allem, ob ich denn zu heiraten gedenke, überhaupt soll ich mich immer warm anziehen und: „Wann bist du denn mit dem Studium fertig?"

So ging das Tag für Tag: „Isst du auch was Gescheites?" Ja, Mutter. „Und zieh dich warm an." Ja, Mutter. „Was machen die Eltern deiner Freundin gleich noch mal?" Ich habe keine Freundin, Mutter. „Widersprich nicht immer. Wenn du so ruppig bist, findest du auch keine Frau." Ja, Mutter. „Sag nicht immer ja, Mutter." Ja, Mutter. „Und wann bist du denn mit dem Studium fertig?"

Der andere Muttersatz ist fast noch schlimmer und geht so: „Sag mal, Junge, kommst du Weihnachten nach Hause?"

„Mutter, es sind noch über drei Monate."

„Kind, du bist gut, ich muss doch planen."

Mein Gott, Weihnachten zu Hause … War eh immer gleich: Papa schmückt den Baum, Mutter kocht und ältere Brüder zu haben ist schon mal ganz doof. Abgelegte Sachen kriegt man von ihnen und Dresche kriegt man von ihnen oder Platten, die sie nicht mehr brauchen, „I just called to say I love you", schönen Dank auch, ältere Brüder sagen: „Wir gehen nach der Bescherung noch in den Pub."

„Darf ich mit?"

„Das ist nix für Babys."

„Ich bin kein Baby mehr."

„Du glaubst doch noch an den Weihnachtsmann."

„Na und?"

„Den Weihnachtsmann gibt's nicht."

„Wohl gibt's den. Ich habe ihm doch geschrieben."

„Und hat's was genützt?"

„Er hatte eben viel zu tun."

Ältere Brüder gehen dann ohne mich in den Pub, und

ich bleibe zuhause und soll mich freuen. „Oh, ein Schal, toll. Danke."

Von 1974 bis 1986 bekam ich jedes Weihnachten einen Schal, von der Oma gestrickt. Immer Schals. Kratzende, luftabschnürende Strick-Scheiße in abstrusen Farben – eine Mandelentzündung war allemal besser als lila-grüne Fransenschals. Ich habe sie immer absichtlich verloren, gab es nächstes Weihnachten eben einen neuen.

Meine Brüder bekamen Bonanza-Räder. Ich: Schals.

„Ich will keinen Schal."

„Dann erkältest du dich und musst sterben, Kind."

„Ich hasse Schals!"

Meine Oma heulte: „Dir stricke ich nie wieder was."

Ja, es gibt noch einen Gott! Aber ein paar Wochen später starb sie und ich hatte ein schlechtes Gewissen. Und ohne Oma gab es dann statt Schals Strumpfhosen und Pudelmützen und Patschuli-Öl und Socken und Phil Collins-Platten und Fäustlinge mit Bändchen und was es noch so brauchte, damit man beim Brennball definitiv als Letzter in die Mannschaft gewählt wurde…

„Sag mal Junge, kommst du denn jetzt Weihnachten nach Hause?"

„Ja, Mutter."

„Prima. Ich habe auch schon ein tolles Geschenk für dich. Und, äh, wann bist du eigentlich mit dem Studium fertig?"

Advent, Advent...

Christine Nöstlinger

Advent, Advent,
der Weihnachtsmann kennt
eine alte Frau, die strickt aus Resten
ganz abscheuliche Westen.
Liefert ihm jährlich drei Stück davon,
ganz gratis, nur für Gotteslohn!
Klar, dass er das Zeug nicht ablehnen kann,
wär zu unhöflich vom Weihnachtsmann.
Aber warum kriege ich zu allen Festen
die drei schockabscheulichen Westen?
Will auch mal Diesel oder Replay tragen,
hab's satt, dass mich die Kinder fragen:
„Was hast du denn heut Komisches an?"
Sei nett, gütiger Weihnachtsmann,
hab dir das Zeug lang genug abgenommen,
lass es heuer bitte wem andern zukommen.

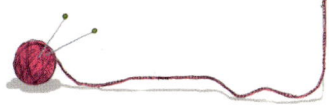

Der Supermann

Wladimir Kaminer

Das neue Jahr ist die richtige Zeit, um sich selbst und anderen etwas zu wünschen.

Meinem Freund und Nachbarn Georgij wünschte ich Gesundheit … und noch mehr Feingefühl seinen Nachbarn gegenüber, d. h., mich nicht mehr um zwei Uhr nachts anzurufen und in den Hörer zu schreien: „Schaut sofort aus dem Fenster! Es schneit!" Das will doch um die Zeit keiner wissen!

Georgij wünschte mir für das neue Jahr mehr Geselligkeit und noch mehr Hilfsbereitschaft in Bezug auf die Nachbarschaft. Vieles auf der Welt wäre nicht schiefgegangen, wenn die Menschen bereit wären, einander zu helfen, sinnierte er. Vieles läuft auf der Welt schief, weil die Menschen gerne einander helfen, ohne vorher zu fragen, konterte ich.

Georgij vertrat aber eine andere Meinung, er fühlt sich für alles, was auf der Welt geschieht, verantwortlich und hat sogar die alte Fernsehserie „Superman" auf Kassette.

Kurz vor Weihnachten waren wir zusammen in einen Porzellanladen in den Schönhauser-Allee-Arkaden gegangen, um dort eine Wodka-Karaffe für seinen Vater zu kaufen.

Der Laden war rappelvoll und das Porzellan fast ausverkauft, es gab nur noch mikroskopisch kleine Essigkaraffen für zwölf Euro. Trotzdem reihte ich mich in die Schlange vor der Kasse ein. Mein Freund beobachtete die ganze Zeit eine große rot-blau gestreifte Tasche, die herrenlos im Gang stand. Nach drei Minuten kam er zu dem Schluss, dass sich darin eine Bombe befand.

Unauffällig, um keine Panik zu verursachen, schnappte Georgij sich die Tasche, schrie „Alle raus hier!" und lief an die frische Luft.

Die Menschen in der Schlange erstarrten und blieben auf ihren Plätzen. Nur zwei ältere türkische Frauen liefen Georgij hinterher. Sie beschimpften ihn auf Türkisch und wollten anscheinend ihre Bombe zurückhaben.

Mein Freund war aber schneller und schaffte es, die Tasche von der S-Bahn-Brücke runterzuschmeißen. Die Tasche platzte unten auseinander, und hunderte kleine Porzellanteile flogen in alle Himmelsrichtungen. Es war also eine Porzellanbombe.

Die türkischen Frauen schubsten Georgij und drohten ihm mit der Polizei. Sie wollten wahrscheinlich

nicht ohne Bombe in ihre Terroristenzelle zurückkehren. Außer den Worten „Weihnachtsgeschenk"
und „Scheiße" konnten wir nichts verstehen.
Aber alle Leute schauten misstrauisch in unsere
Richtung, sie ahnten nicht, dass wir ihnen gerade das
Leben gerettet hatten.
Georgij meinte, die echten Helden müssen immer im
Schatten bleiben, so wie Superman eben, also hauten
wir ab, bevor die Polizei auftauchte. Zu Hause
wünschte ich ihm noch für das neue Jahr mehr Zu-
rückhaltung und Toleranz.

Der Weihnachts-Champion

Stefan Pinnow

Vor einigen Jahren – ich moderierte damals ein tägliches Magazin beim WDR – rief mich ein Redakteur eben dieses Senders an und fragte mich, was ich von einer Unterhaltungssendung halten würde mit dem Titel *Der Weihnachts-Champion*. Zehn Prominente sollten gegeneinander spielen, es ginge um Quizfragen rund um Weihnachten und der Gewinner dürfe sich dann der *Weihnachts-Champion* nennen.

Fantastisch, ich wollte immer schon eine Abendunterhaltungsshow moderieren. Ich sah die Zeitungskritiken schon vor mir: *Pinnow überzeugt als Weihnachts-Moderator!* oder *Der neue Stern am Quiz-Himmel!*

Begeistert sagte ich zu.

„Das ist toll, dass Sie mitmachen", freute sich der Redakteur, „dann haben wir ja alle zehn Kandidaten zusammen. Als Moderator konnten wir übrigens Ranga Yogeshwar gewinnen."

Ich wollte sofort wieder absagen.

Ich als Kandidat? In einer Quiz-Show, in der es auch noch ausschließlich um Weihnachten geht? Unmöglich!

„Du als Kandidat?", meinte auch meine Frau, als ich ihr von der Sache erzählte. „Lächerlich. Was weißt du schon von Weihnachten, außer dass es da Geschenke gibt."

Sie hatte vermutlich recht. Um meine weihnachtliche Allgemeinbildung war es tatsächlich nicht gut bestellt. Allein schon an Weihnachtsliedertexten haperte es bei mir gewaltig. Also musste ich trainieren. Ich recherchierte im Internet und entdeckte Bücher wie: *Wissenswertes über Weihnachten*, *Weihnachten von A bis Z* und sogar *Das große Weihnachts-Quiz für Kinder*. Insgesamt fast 20 Bücher, die mir geeignet schienen. Ich bestellte alle. Zwei Tage später kam das Paket an, groß wie ein Umzugskarton.

Noch vier Wochen bis zur Aufzeichnung der Sendung.

Das war knapp. Wie sollte ich in der kurzen Zeit alle Weihnachts-Enzyklopädien durcharbeiten? Alleine ging das nicht. Ich brauchte Unterstützung.

Die Familie! Abends zum Einschlafen las ich, statt Kinderbüchern, *1000 Fragen über Weihnachten* vor.

Nach einigen Tagen wollten sich die Kinder nicht mehr von mir ins Bett bringen lassen. Umso besser. Hatte ich mehr Zeit zum Lesen und Lernen.

Drei Wochen vor der Sendung wollte ich mein bisher angeeignetes Weihnachts-Wissen überprüfen und bat meine Frau, mich abzufragen – aber sie weigerte sich, von meinem Weihnachtsfieber leicht genervt.

Noch zwei Wochen bis zur Show.

Ich fand ein anderes Opfer. Meine Co-Moderatorin Eva. Sie hatte Verständnis für meine Lage.

„Wenn du Weihnachts-Champion wirst, ist das ja auch eine gute Werbung für unsere Sendung", meinte sie. Und so saßen wir beide die nächsten Tage in den Mittagspausen in der WDR-Kantine mit der Weihnachtslektüre. Ein bisschen kamen wir uns vor wie Harry Potter und Hermine, die im Speisesaal in Hogwarts über ihren Zauberbüchern büffeln.

Eine Woche vor dem großen Termin kam plötzlich der Redakteur, der mich eingeladen hatte, in unser Büro.

„Es ist was Blödes passiert. Eine Kandidatin hat uns abgesagt und ich wollte Sie fragen, ob Sie Lust hätten, kurzfristig einzuspringen", fragte er …

Eva. Sie hatte. Schließlich war sie ja bestens vorbereitet.

Sieben Tage später, im Studio A des WDR, Köln-Bocklemünd, es war 22:00 Uhr. Seit zwei Stunden lief die Aufzeichnung zur Sendung *Der Weihnachts-Champion.*

Ranga Yogeshwar moderierte die letzte Runde an: „Und im Finale sind: Eva und Stefan! Ihr habt bisher alle Fragen richtig beantwortet. Toll. Wie kann das sein, Stefan? Es ist fast so, als hättet ihr euch abgesprochen."

„So ähnlich", brummte ich zerknirscht.

„Kommen wir also zur alles entscheidenden letzten Frage. Wer zuerst den roten Buzzer drückt und die richtige Antwort hat, ist der Weihnachts-Champion!"

Applaus im Publikum. Die Scheinwerfer wurden gedimmt, spannende Musik erklang. Mein Herz pochte. Jetzt bloß nicht schlappmachen. Bloß keine Weihnachtslieder-Frage, schoss es mir durch den Kopf.

„In welchem Weihnachtslied", hörte ich Ranga Yogeshwar, „heißt es: *Die Hoffnung und Beständigkeit gibt Mut und Kraft zu jeder Zeit?*"

Hoffnung? Mut? Beständigkeit? Aus den Augenwinkeln sah ich, wie Eva auf den Buzzer schlug und laut rief: „*O Tannenbaum!*"

„Richtig", schrie Ranga Yogeshwar, „der Weihnachts-Champion ist damit: Eva!"

Später bei der After-Show-Party, ich stand trübsin-
nig in der Ecke, leise *O Tannenbaum* summend, entdeckte mich der Redakteur und meinte: „Wenn die
Quoten gut sind, wollen wir nächstes Jahr mit glei-
chem Konzept den Oster-Champion suchen. Lust,
mitzumachen?"
Und nun raten Sie mal, was ich bis Ostern tun werde.

Groß-Stadt-Weihnachten

Kurt Tucholsky

Nun senkt sich wieder
  auf die heim'schen Fluren
die Weihenacht!
  die Weihenacht!
Was die Mamas bepackt
  nach Hause fuhren,
wir kriegens jetzo
  freundlich dargebracht.

Der Asphalt glitscht.
  Kann Emil das gebrauchen?
Die Braut kramt schämig
  in dem Portemonnaie.
Sie schenkt ihm, teils zum Schmuck
  und teils zum Rauchen,
den Aschenbecher
  aus Emalch glasé.

Das Christkind kommt!
  Wir jungen Leute lauschen
auf einen stillen
  heiligen Grammophon.
Das Christkind kommt
  und ist bereit zu tauschen
den Schlips, die Puppe
  und das Lexikohn.

Und sitzt der wackre Bürger
  bei den Seinen,
voll Karpfen, still im Stuhl,
  um halber zehn,
dann ist er mit sich selbst zufrieden
  und im Reinen:
„Ach ja, son Christfest
  is doch ooch janz scheen!"

Und frohgelaunt spricht er
    vom ‚Weihnachtswetter‘,
mag es nun regnen
    oder mag es schnein.
Jovial und schmauchend liest er
    seine Morgenblätter,
die trächtig sind
    von süßen Plauderein.

So trifft denn nur
    auf eitel Glück hienieden
in dieser Residenz
    Christkindleins Flug?
Mein Gott, sie mimen
    eben Weihnachtsfrieden …
„Wir spielen alle.
    Wer es weiß, ist klug.“

Eine Führungskrise

Martin Suter

Strasser betritt das Unternehmen in der Regel durch die Tiefgarage und nimmt den Lift in den Zwölften. Deshalb sieht er den Christbaum erst am Nachmittag auf dem Weg zum großen Sitzungszimmer. Er durchquert den Empfang und memoriert dabei die Namen der Teilnehmerliste aus dem Sitzungsprotokoll. Erst als er am Kopfende des Sitzungstisches Platz genommen hat, kommt es ihm vor, als sei er soeben an einem Christbaum vorbeigegangen. Er steht wieder auf, geht vor die Tür und tatsächlich: ein Christbaum, mannshoch, Schwerpunktfarbe Silber. Er blickt sich um und begegnet dem Lächeln von Frau Thielmann, Empfang und Telefon. Er nickt ihr zu und geht zurück ins Sitzungszimmer.

Während des Meetings ist Strasser abgelenkt durch den Christbaum. Seit er dem Unternehmen vorsteht (und auch in der Zeit davor), hat am Empfang noch nie ein Christbaum gestanden. Er kann sich auch an keinen formellen oder informellen Beschluss erinnern, daran etwas zu ändern. Christbäume fallen zwar nicht in die Kompetenz des Topmanagements.

Aber Christbäume im Empfangsbereich gehören zum Erscheinungsbild des Unternehmens, und somit zur Corporate Identity. Und diese ist Chefsache.

Die Tatsache, dass sich jemand in sein Revier gewagt hat, beschäftigt ihn während einer längeren Power-Point-Präsentation zu einem Thema, das er nicht mitbekommen hat. Ist der Baum eine Eigeninitiative von Frau Thielmann, Empfang und Telefon? Oder hat er es mit einem strategischen Vorstoß aus der Managementebene zu tun? Im ersteren Fall müsste er die Aktion mit Wohlwollen aufnehmen, denn Eigeninitiative gilt seit der Neufassung des Organisationshandbuchs vor vier Jahren bis zu einem gewissen Grad als erwünscht. Im anderen Fall müsste er hart durchgreifen. Angriffe auf seine Kompetenzen aus dem Umfeld potentieller Nachfolger müssen im Keim erstickt werden. Er geht die Liste der möglichen Täter durch. Es kommen alle in Frage.

Er hebt die Sitzung mit ein paar Schlussbemerkungen auf, die den Eindruck erwecken, er hätte mitbekommen, worum es ging. Im Büro befragt er seine Assistentin so beiläufig wie möglich über die Hintergründe der Christbaumsache. Zu seiner eigenen Erleichterung stellt sich heraus, dass die Initiative dazu von Frau Thielmann ausgegangen und von Beiträgen aus dem Mitarbeiterstab finanziert worden ist.

Beim Verlassen des Unternehmens geht er am Empfang vorbei und weist Frau Thielmann wohlwollend, aber bestimmt an, ein paar Kugeln umzuhängen, das Engelshaar zu reduzieren, da und dort etwas Lametta hinzuzufügen. –

Und die silberne Spitze gerader auszurichten.

Rezept für Weihnachtsgebäck

Verfasser:in unbekannt

1 Tasse Wasser
1 Tasse Zucker
4 große Eier
2 Tassen getrocknete Früchte
1 Teelöffel Backpulver
1 Teelöffel Salz
1 Tasse brauner Zucker
Saft von einer Zitrone
Nüsse
1 Flasche schottischer Whisky

Öffnen Sie den Whisky und prüfen Sie ihn auf seine Qualität.

Nehmen Sie eine große Schüssel. Versuchen Sie den Whisky erneut! Um sicher zu sein, dass es sich um die beste Qualität handelt, füllen Sie eine Tasse randvoll und trinken sie aus.

Werfen Sie anschließend den elektrischen Mixer an und schlagen Sie eine Tasse voll Butter in der Schüssel schaumig. Fügen Sie einen Teelöffel Zucker hinzu und schlagen Sie weiter.

Stellen Sie sicher, dass der Whisky noch immer o. k. ist! Versuchen Sie eine weitere Tasse. Schalten Sie den Mixer aus. Werfen Sie zwei Eier in die Schüssel und schmeißen Sie die Tasse mit den getrockneten Früchten hinterher. Mixen Sie den Schalter wieder an. Falls Sie die gefrüchteten Trockene zu klebrig werden, lösen Sie sie mit einem Schraubendreher. Schmecken Sie das Backpulver ab und prüfen Sie den Whisky auf seine Färbung zu checken. Als nächstes sieben Sie zwei Tassen Salz oder etwas Ähnliches. Was soll's? Prüfen Sie den Whisky!

Nun hacken Sie den Zitronensaft klein und pressen Sie die Nüsse aus. Fügen Sie einen großen Löffel Rizinusöl hinzu und rühren mit dem Zeigefinger kräftig durch.

Löffel vom Zucker oder so. Irgendeinen werden Sie doch in Ihrer Küche finden, verdammt noch mal!

Fetten Sie den Ofen ein. Drehen Sie die Kuchenform auf 350°C. Vergessen Sie nicht, den Schalter abzumixen. Schmeißen Sie die Schüssel aus dem Fenster. Trinken Sie den Rest Whisky und gehen Sie zu Bett.

Schicksal

Jürgen Spohn

Schokoladenweihnachtsmänner haben ein schweres Schicksal. Vor Weihnachten wollen sie keinem schmecken, weil sie als Dekoration und für die Stimmung gebraucht werden. Nach Weihnachten wollen sie keinem schmecken, weil Weihnachten vorbei ist und die ersten Osterhasen Anlauf nehmen. Und wenn dann Mitte Februar doch mal einer gegessen wird – dann nur, weil nichts anderes da ist.

Das dritte Bein — ein Weihnachtswunder

Erwin Grosche

Wer mit wachen Augen durch die Welt geht, entdeckt auch heute noch – besonders zur Weihnachtszeit – Wunder. Gerade der Weltabgewandte ist oft von Wundern umgeben, ohne sie genießen zu können, weil er sie nicht als solche begreift.

Es scheint beinahe verschwenderisch, wie oft das Leben von Finanzbeamten von Wundern begleitet wird. Meine letzte Einkommensteuererklärung war ein solches Wunder, ohne deswegen mit einem besonderen Erbarmen bedacht worden zu sein. Natürlich können Wunder nicht immer sinnvoll sein, doch wecken sie in uns die Sehnsucht nach Tannenbaum und Lichterglanz. Es ist typisch, dass man, wenn man ein Wunder als Wunder begreift, sich schon wieder außerhalb seines Wirkungsrahmens befindet.

1. Letzte Woche stand mein einsamer Nachbar vor der Tür und erklärte mir, dass er eine Erscheinung

gehabt habe. „Da war was, wo vorher nichts war, und wollte, dass ich es sehe", beschrieb er seine Heimsuchung.

Ich ergriff sofort seine Hand und fragte: „Und? Was wollte diese Erscheinung?"

Mein Nachbar überlegte.

„Nichts", sagte er schließlich. „Meine Erscheinung wollte nichts, aber sie hatte drei Beine."

Das ist natürlich auch selten, dass Erscheinungen, die sich erst die Mühe machen, dem einfachen Mann von der Straße zu begegnen, dann so mir nichts, dir nichts wieder verschwinden.

Und das auf drei Beinen.

„Da kann man nichts machen", sagte ich zu meinem Nachbarn, „aber es ist schön, dass Sie dieses Erlebnis mit mir teilen wollen."

Irgendwann ging dann mein Nachbar, noch immer fassungslos, doch beseelt nach Hause. Ich fragte mich danach, ob Erscheinungen nicht auch eine gewisse Verpflichtung gegenüber ihren Zeugnisablegern haben und für Veränderung sorgen sollten anstatt für Verwirrung. Ich überlegte sogar, ob nicht mein vor der Tür stehender Nachbar selbst ein Weihnachtswunder war, aber er hatte keine drei Beine und hinkte, als er ging.

2. Gestern stand in der Zeitung, dass *Schreiben und Schenken*, das Schreibwarengeschäft auf dem Domplatz, seine Türen schließen wird. Es will die Harmonie der Weihnachtszeit nicht stören, aber danach eine Lücke hinterlassen. Ich erinnerte mich sofort, wie mich Herr Weichler, der Inhaber von *Schreiben und Schenken*, kürzlich auf eine Weihnachtsneuheit hinwies. Der Weihnachtsmarkt auf dem Domplatz war gerade eröffnet worden und niemand wollte Glühwein trinken, weil es so warm war. Ich erinnerte mich, wie ich lieber zu Herrn Weichler gegangen war, um zu sehen, mit welchen Geschenkideen die Schreibwarenindustrie aufzutrumpfen gedachte.

„Ich glaube, ich habe etwas für Sie", hatte Herr Weichler gesagt und mich stolz zu einem Plastikständer, der direkt vorne an der Kasse stand, geführt. In diesem Plastikständer steckten Kugelschreiber, die alle einen Radiergummihut aufhatten.

„Ich habe so etwas noch nie gesehen", sagte Herr Weichler und zeigte auf diese Schreibwunder mit dem Radiergummihut. Ich schaute ihn ein wenig verständnislos an, weil ich nicht wusste, wie ich sonst schauen sollte. Da nahm Herr Weichler einen dieser Kugelschreiber aus der Box und schrieb seinen Namen auf einen kleinen Block, um ihn danach sofort wieder wegzuradieren. Ich schaute immer noch ein wenig zweifelnd auf dieses Ratzefummelwunder, als Herr Weichler schon wieder mit dem Kugelschreiber seinen Firmennamen auf dem Block verewigte, um ihn danach erneut erfolgreich wegzuradieren.

„Sagenhaft", stammelte ich. „Ich mag an Ihrem Radiergummi das ‚R' zu Beginn des Wortes."

„Es ist ein Wunder", ging Herr Weichler über meine Albernheit hinweg, „ich habe in meinem Beruf schon vieles gesehen, doch ein Kugelschreiber mit einem Radiergummihut treibt mir Tränen in die Augen."

Er hielt mir den Kugelschreiber dicht vor die Nase, so dass ich ihn an mich nahm, um nicht schielen zu müssen, und schrieb nun auch, zum dritten Mal, den Namen Weichler auf den Zettel und radierte ihn dann wieder weg. Tatsächlich, wie konnte etwas sein, was nicht sein konnte? Ich erinnerte mich noch an Zeiten, da standen Zahnbürsten nicht von selbst und die Kinder glaubten an das Christkind. Als ich nun von der baldigen Schließung des Schreibwarengeschäftes las, wunderte ich mich nicht. Haben wir nicht dessen baldiges Ende durch die symbolträchtige dreimalige Streichung selbst mitverschuldet? Müssen wir denn immer etwas sehen, um es dann erst glauben zu können? Auch die Erscheinungsformen des Christkindes sind umstritten. Jemand, der unbemerkt, ja unsichtbar in unsere Wohnungen gelangt und dort, zugegeben, etwas hinbringt, erscheint doch erst mal als Sicherheitsproblem. Wer nicht mehr in der Lage ist, an das Christkind und an Wunder zu glauben, wird ungern vor der Bescherung singen wollen. Mit anderen Worten, der verantwortungsbewusste Gläubige weiß, dass er durch das dreimalige Ausradieren eines Traditionsbetriebes auch dessen Untergang mit eingeleitet hat. Die Symbolik der Zahl Drei muss jedem klar sein und das Ausradieren eines Begriffes täuscht nicht über seine ehemalige Anwesenheit hinweg. Nichts passiert ohne Grund, alles hängt zusammen in einer Welt voller Wunder.

3. Heute las ich in der Weihnachtsbeilage der Zeit ein Interview mit dem Pädagogen Hartmut von Hentig. Er sprach von den drei großen Rs der Erziehung. „R" wie „Revier", „Regeln" und „Rituale". Wieder schien die Zahl Drei mit einer unausweichlichen Erkenntnis präsentiert zu werden. Ich möchte diese drei Rs noch um ein weiteres R-Wort erweitern: Rollläden. Nichts zieht einen mehr herunter als Rollläden. Es kann kein Zufall sein, dass an diesem Tag, es war der dritte Adventssonntag, unsere Roll-

ladenaufziehrolle ihren Geist aufgab und sich weder auf- noch abrollen ließ. Ich hatte meiner Frau gerade von den drei großen Rs erzählt, sogar ein wenig angegeben mit meinem pädagogischen Rundblick, als sie vor dem Fenster stand, um nach dem Entzünden der drei Kerzen wieder Tageslicht in den Raum zu lassen. Ich ging in dem Augenblick gerade so weit, Hartmut von Hentigs Randnotizen auch für Chinesen verständlich auszusprechen und in alberner Weise als „Leviel", „Legeln" und „Lituale" zu verulken. Gerade wollte ich noch Herrn Weichlers „Ladielgummikugelschleibel" mit ins Spiel bringen, da geschah das Wunder. Es meldete sich das vierte R, die Rolllade, mit einem Rums und tauchte das Wohnzimmer in völlige Dunkelheit, so dass wir nichts mehr sahen außer drei kleinen Kerzenlichtern auf einem Adventskranz. Ich verstand dies als Zeichen, als Heimsuchung und habe seitdem noch mehr Respekt vor Hartmut von Hentigs Gesamtwerk. Natürlich akzeptiere ich trotzdem meine eigene unwesentliche Rolle in dieser Welt der Verwöhnten und Revierlosen. Ich gebe sogar zu, dass ich kein guter Rollladenreparateur bin und im Ausradieren von Kugelschreibernotizen bisher keinen Sinn sah.

4. Weihnachten ist das Fest der Wunder und der Weihnachtsplätzchen. Es stünde Weihnachtsplätzchen gut zu Gesicht, wenn sie auch noch schmecken würden. Es ist ein Wunder, wie lange man Weihnachtsplätzchen essen kann, ohne sie zu mögen. Manche Menschen glauben, dass Plätzchen immer zuerst gegessen werden, aber nicht von mir. In Erwartung einer Heimsuchung war mir aller Appetit vergangen.

5. Gestern bekam ich von meiner Tochter ein selbst gemaltes Bild geschenkt. Sie hatte es mit einem Kugelschreiber auf ein kariertes Blatt gekritzelt und ich war darauf mit drei Beinen zu sehen. Ein Weihnachtswunder? Am nächsten Morgen stand ich auf und schüttelte meine Hose aus, um in sie hineinzusteigen. Wie erstaunt war ich, dass anstatt der üblichen zwei Wollstrümpfe drei Wollstrümpfe durch die Hosenbeine purzelten.

So früh und schon ein Wunder, dachte ich und schaute an mir herunter, um alles genau im Blick zu haben. Es stimmt, das Wesentliche ist unsichtbar. Auf dem Bild meiner Tochter habe ich deshalb, dank Herrn Weichlers Wunderkuli, das dritte Bein wegradiert. Es muss nicht jeder wissen, dass ein ungeschickter

Gang der Anfang eines Tausendfüßlerdaseins sein kann. Ich habe eins und zwei zusammengezählt und drei Kreuzzeichen gemacht. Ich habe mir eine Tüte mit unseren Restweihnachtsplätzchen zusammengestellt und bin damit zu meinem einsamen Nachbarn gegangen. „Auf einem Bein kann man nicht stehen", habe ich zu ihm gesagt und ihn gebeten, das Weihnachtsfest mit meiner Familie zu begehen. Sonderbarerweise stellte sich heraus, dass mein Nachbar von Beruf Rollladenreparateur ist. Ich dachte sofort, wie übertrieben manchmal das Weihnachtsfest mit seinem Zauber überrascht, obwohl das eigentliche Wunder doch darin besteht, dass wir allen Kindern zeigen wollen, dass wir sie nicht alleine in die Welt hinausstolpern lassen. Wir sind ihr drittes Bein …

Schenk-Zettel

Robert Lembke

Jeder ordentliche Haushalt hat, je nach Größe, ein Zimmer, einen Schrank, ein Schubfach oder auch nur eine Schachtel „Verschiedenes". Bei mir ist es ein Schrank; und neben Schlüsseln, von denen niemand weiß, wo sie sperren, der Zigarrenkiste mit Briefmarken und Inflationsgeld von Onkel Anton, den ererbten Briefen, Locken und Bildern von Tante Anna, dem unterschriftsübersäten Bieruntersatz von der Schulabschlussfeier und dem vergilbten Postabschnitt mit dem ersten Honorar befindet sich darin eine Reihe von Weihnachtsgeschenken früherer Jahre, einige noch in der Originalverpackung.

Auch in einem vollen Schrank lässt sich noch eine Menge unterbringen; aber irgendwann bekommt er Metastasen und dann ist zu Hause Alarmstufe 1. Um zu verhindern, dass eine Frau mit der ihrem Geschlecht eigenen Gefühlskälte (soweit es unsere Vergangenheit betrifft) bleibende Schäden anrichtet und Unersetzliches vernichtet, macht man sich selbst ans Aufräumen.

Ich bin jetzt gerade dabei und habe nur kurz unterbrochen, um Ihnen einen Vorschlag machen zu können, der geeignet ist, eine ganze Reihe von Problemen zu lösen: Ein erheblicher Teil der Behältnisse „Verschiedenes" in unseren Wohnungen wird beansprucht von Geschenken lieber Menschen. Man kann sie nicht verwenden (da unpassend) und man wagt nicht sie wegzuwerfen (da von lieben Menschen kommend). Auch weiterschenken ist gefährlich, da die Dinge in einer Art Kreislauf irgendwann wieder zum ursprünglichen Schenker zurückkehren und die Missachtung seiner Aufmerksamkeit offenbaren könnten. Außerdem muss man auch noch damit rechnen, dass passende Geschenke doppelt oder gar mehrfach erscheinen, und mehr als ein Back-Gammon-Brett oder eine Kartenmischmaschine kann auch der spielfreudigste Haushalt nicht verkraften.

Um allen diesen Schwierigkeiten aus dem Weg zu gehen, schlage ich vor, künftig nur mehr Zettel zu verschenken. Diese in einem verschlossenen Umschlag zu Weihnachten überreichten Zettel enthalten eine genaue Bezeichnung des Gegenstandes, den der Schenkende überreichen wollte, und den Betrag, den auszugeben er bereit war.

Ich stelle es mir wunderschön vor, unter dem Christ-baum sitzend alle die Zettel zu lesen, zu sehen, wer sich was Vernünftiges hat einfallen lassen und wie viel man dem Absender wert war. Anhand der Durchschläge der Zettel, die man selbst verschickt hat, kann man gut vergleichen, wie man „lag".

Voraussetzung ist natürlich, dass ehrlich gespielt wird, dass man nicht etwa, weil's halt nicht tatsäch-lich etwas kostet, zu hoch einsteigt, nur um anzuge-ben. Falls übrigens unter den Papiergeschenken etwas ist, was man wirklich gern hätte, kann man es sich ja von dem Geld, das man für nutzlose Geschen-ke an andere nicht ausgegeben hat, selbst kaufen.

Once upon a Christmas Time

Kai König

„Ein bisschen besser hättest du schon planen können!" Missmutig rutschte Maria auf dem Rücken des Esels herum. „Das weiß man doch, dass man ein Zimmer schon Monate vor Anreise buchen muss. Um Chanukka rum ist doch Hauptsaison! Und dazu die Volkszählung! Bei so einem gesellschaftlichen Großereignis muss man ordentlich planen!"

Josef schloss die Augen und zählte in Gedanken bis zehn. Die ganze Zeit ging das schon so. „Josef, der Esel ist unbequem! Warum hast du keine Kutsche gemietet?" – „Ja, Schatz. Es tut mir leid, Schatz." – „Josef, wir hätten ruhig auch früher abreisen können. Ich muss noch Geschenke kaufen, und Bethlehem hat so trendige Läden!" – „Ja, Maria. Ich habe nicht nachgedacht, Maria." *Die ganze Zeit!* Hing wohl mit der Schwangerschaft zusammen. Und trotzdem … nach der ganzen Reiserei reichte es ihm.

„Und? Was hast du dazu zu sagen?" Marias Stimme riss ihn aus seinen Gedanken.

„Ja, Liebling. Ich hätte mich wirklich besser um eine Unterkunft kümmern müssen, Liebling." Nichts. Keine Reaktion. Nervös blickte Josef zu seiner Frau auf. Entgeistert starrte sie zurück. Dann polterte sie los: „Nie hörst du mir zu. Nie! Ich hab dich gefragt, was du zu tun gedenkst!?" Zornig tippte ihr Fuß gegen den Esel.

„I-Aaaah!" Josef war sich nicht sicher, ob er einen vorwurfsvollen Unterton im Laut des Tiers hörte oder Mitleid. Er entschied sich für letzteres und streichelte dem Esel dankbar über die Nase.

„Wir werden halt weitersuchen müssen."

Seine Liebste verdrehte die Augen. „Was für ein toller Plan! Weitersuchen! Ich bin ja nur hochschwanger, seit mehreren Tagen unterwegs und von der ganzen Reiterei auf dem Esel tut mir mein Allerwertester weh. Was machen da ein paar Stunden mehr noch aus!"

Statt darauf hinzuweisen, dass er den ganzen Weg hatte laufen dürfen, verdrehte Josef nur die Augen. „Ja, woher soll's denn kommen? Vom Heiligen Geist?", entfuhr es ihm. „Von da haben wir bisher noch nie was gekriegt!"

„Na ja, sooo kannst du das jetzt auch nicht sagen", antwortete Maria unerwartet kleinlaut und schaute mit Unschuldsmiene zu den Sternen hoch. „Ich hab da so ein Gefühl, dass der schon auf uns achtet…" Dann schüttelte sie kurz den Kopf, und schon war die Verlegenheit verschwunden. „Und das ist ja wohl wieder mal typisch. Schiebst die Schuld auf andere!" Mühsam schluckte Josef eine Antwort runter, schloss die Augen und atmete tief ein. Einfach ruhig bleiben, streiten bringt ni…

„Könntest wenigstens mal jemanden nach dem Weg fragen", fuhr Marias Stimme wie ein Messer zwischen seine Gedanken. „Aber nein! Der Herr weiß ja, wo's langgeht. Der Herr muss ja nicht fragen. Typisch!"

„Das habe ich nie gesagt", seufzte Josef.

„Und machen tust du es trotzdem nicht!" Sie stockte, ihre Augen verengten sich. „Da! Da hinten die kannst du doch fragen!"

Sie deutete auf drei reich gekleidete Ausländer, die auf Kamelen durch die Straßen ritten. Immer wieder blickten die drei Männer gen Himmel und unterhielten sich gestikulierend.

„Die sehen aber nicht so aus, als ob die von hier kommen." Er hatte es noch nicht zu Ende gesprochen, da wusste er schon, dass es ein Fehler gewesen war.

„Immer musst du diskutieren!" Ihre Hände fuhren in die Höhe. „Mach doch einmal, was ich dir sage! Na toll, und jetzt sind sie weg!" Sie sah ihren Mann vorwurfsvoll an. „Aber ich hab so ein Gefühl, dass wir dahin müssen!"

Statt ihr zu sagen, was er von ihren Gefühlen hielt, zog Josef nur träge an den Zügeln des Esels. „Na komm, alter Junge, lassen wir der Dame ihren Willen." Das Tier drehte träge seinen Kopf und schaute ihn mürrisch an. „Ja, ich weiß, was du denkst…"

„Was redest du denn da?", zischte Maria. „Los, komm in die Hufe!" Um ihren Worten Nachdruck zu verleihen, ruckelte sie auf dem Esel herum und klopfte mit ihren Füßen an seine Seite. „Beweg dich endlich, dummes Tier. Und das gilt auch für dich, Josef!"

Wohl wissend, dass Widerstand zwecklos war, setzte Josef sich langsam in Bewegung. Um seinen Standpunkt zu untermauern, ließ der Esel ihn erst ein wenig an den Zügeln rumzerren, bevor er sich mit einem entnervten „I-Aah" in Bewegung setzte und langsam hinter ihm her trabte.

„Da links lang!" – „Ein bisschen mehr Tempo!" – „Rechts! Da hinten musst du rechts abbiegen!" Unter Marias Anweisungen trabten Josef und der Esel durch die Straßen Bethlehems. Er konnte nicht sagen, wie lange sie schon unterwegs waren, als Maria Halt rief.

Triumphierend deutete sie nach vorn. „Siehste – auf mein Gefühl kann man sich verlassen!" Josef musste sich strecken, um erkennen zu können, worauf sie deutete. Dann sah er ein Gebäude, das ein Schild als Herberge auswies.

„Los, schnell dahin, bevor uns jemand den letzten Platz wegschnappt!"

Als sie die Tür erreichten, schaute Josef müde hinauf und betrachtete das Schild über der Tür froh. Zum Stern von Bethlehem.

„Mach schon, ich bin müde!"

Rasch band Josef den Esel vor dem Gasthof an. „Ich bin ja schon unterwegs!" Obwohl der Gastwirt zuerst wenig geneigt war, ihnen ein Zimmer zu geben, konnte Josef ihn doch überzeugen, sie aufzunehmen.

„Ein Zimmer hatten sie allerdings nicht mehr", gestand er Maria kleinlaut, als er wieder bei ihr war. „Nur noch den Stall. Aber es ist da sehr geräumig, und was anderes als Stroh ist auch nicht in den Matratzen", beeilte er sich hinzuzufügen, als er sah, wie Maria zu einer erneuten Tirade ansetzte. „Und durch die Ochsen und Schafe haben wir es schön warm."

Dass noch Hirten von ihren Herden zum Aufwärmen vorbeikommen könnten, wie der Wirt meinte, verschwieg er ihr jedoch erst einmal. „Und es ist auch gar nicht mal teuer!"

„Ein Stall also", seufzte Maria schließlich. „Wir reden morgen weiter. Ich bin müde. Und es ist besser als nichts." Sie gab dem überraschten Josef einen Kuss auf die Stirn. „Solange es jetzt noch eine stille Nacht wird…"

Hoffen wir's, dachte Josef. Hoffen wir's…

Die Verkündung

Franz Hohler

Letzthin, im Zug, direkt neben dir, das elendfröhliche Digitalpiepsen eines Handys, und du weißt, jetzt wirst du die Seite nicht mehr in Ruhe zu Ende lesen können, du wirst mithören müssen, wo die Unterlagen im Büro gesucht werden sollten oder warum die Sitzung auf nächste Woche verschoben ist oder in welchem Restaurant man sich um 19 Uhr trifft, kurz, du bist auf die unüberhörbaren Schrecknisse des Alltags gefasst – und da kramt der junge Mann sein Apparätchen aus der Tasche, meldet sich und sagt dann laut: „Nein! – Wann? – Gestern Nacht? – Und was ist es? – Ein Bub? – So herzig! – 3 ½ Kilo? – Und wie geht es Jeannette? – So schön! – Sag ihr einen Gruß, gell? – Wie? – Oliver? …"

Und über uns alle, die wir in der Nähe sitzen und durch das Gespräch abgelenkt und gestört werden, huscht ein Schimmer von Rührung, denn soeben haben wir die uralte Botschaft vernommen, dass uns ein Kind geboren wurde.

Der Weihnachtsabend des Kellners

Erich Kästner

Aller Welt dreht er den Rücken,
und sein Blick geht zum Protest.
Und dann murmelt er beim Bücken:
„Ach, du liebes Weihnachtsfest!"

Im Lokal sind nur zwei Kunden.
(Fröhlich sehn die auch nicht aus.)
Und der Kellner zählt die Stunden.
Doch er darf noch nicht nach Haus.

Denn vielleicht kommt doch noch einer,
welcher keinen Christbaum hat,
und allein ist wie sonst keiner
in der feierlichen Stadt.

Dann schon lieber Kellner bleiben
und zur Nacht nach Hause gehen,
als jetzt durch die Straßen treiben
und vor fremden Fenstern stehn.

Interview mit dem Weihnachtsmann

EINE VORWEIHNACHTLICHE BETRACHTUNG

Erich Kästner

Es hatte schon wieder geklingelt. Das neunte Mal im Verlauf der letzten Stunde! Heute hatten, so schien es, die Liebhaber von Klingelknöpfen Ausgang. Mürrisch trollte ich mich türwärts und öffnete.

Wer, glauben Sie, stand draußen? Sankt Nikolaus persönlich! In seiner bekannten historischen Ausrüstung. „Oh", sagte ich. „Der eilige Nikolaus!" – „Der Heilige, wenn ich bitten darf. Mit h!" Es klang ein wenig pikiert. „Als Junge habe ich Sie immer den eiligen Nikolaus genannt. Ich fand's plausibler." – „Sie waren das?" – „Erinnern Sie sich denn noch daran?" – „Natürlich! Ein kleiner hübscher Bengel waren Sie damals!"

„Klein bin ich immer noch." – „Und nun wohnen Sie also hier." – „Ganz recht." Wir lächelten resigniert und dachten an vergangene Zeiten. „Bleiben Sie noch ein bißchen!" bat ich. „Trinken Sie noch eine Tasse Kaffee mit mir!" Er tat mir, offen gestanden, leid.

Was soll ich Ihnen sagen? Er blieb. Er ließ sich herein. Erst putzte er sich am Türvorleger die Stiefel sauber, dann stellte er den Sack neben die Garderobe, hängte die Rute an einen der Haken, und schließlich trank der Weihnachtsmann mit mir in der Wohnstube Kaffee.

„Zigarre gefällig?" – „Das schlag ich nicht ab." Ich holte die Kiste. Er bediente sich. Ich gab ihm Feuer. Dann zog er sich mit Hilfe des linken den rechten Stiefel aus und atmete erleichtert auf. „Es ist wegen der Plattfußeinlage. Sie drückt niederträchtig." – „Sie Ärmster! Bei Ihrem Beruf!" – „Es gibt weniger Arbeit als früher. Das kommt meinen Füßen zupaß. Die falschen Nikoläuse schießen wie die Pilze aus dem Boden."

„Eines Tages werden die Kinder glauben, daß es Sie, den echten, überhaupt nicht mehr gibt." – „Auch wahr! Die Kerls schädigen meinen Beruf! Die meisten von denen, die sich einen Pelz anziehen, einen Bart umhängen und mich kopieren, haben nicht das mindeste Talent! Es sind Stümper!" – „Weil wir gerade von Ihrem Beruf sprechen", sagte ich, „hätte ich eine Frage an Sie, die mich schon seit meiner Kindheit beschäftigt. Damals traute ich mich nicht. Heute schon eher. Denn ich bin Journalist geworden." –

„Macht nichts", meinte er und goß sich Kaffee zu. „Was wollen Sie seit Ihrer Kindheit von mir wissen?" – „Also", begann ich zögernd, „bei Ihrem Beruf handelt es sich doch eigentlich um eine Art ambulanten Saisongewerbes, nicht? Im Dezember haben Sie eine Menge Arbeit. Es drängt sich alles auf ein paar Wochen zusammen. Man könnte von einem Stoßgeschäft reden. Und nun…" – „Hm?" – „Und nun wüßte ich brennend gern, was Sie im übrigen Jahr tun!" Der gute alte Nikolaus sah mich einigermaßen verdutzt an. Er machte fast den Eindruck, als habe ihm noch niemand die so naheliegende Frage gestellt. „Wenn Sie sich nicht darüber äußern wollen…" – „Doch, doch", brummte er. „Warum denn nicht?" Er trank einen Schluck Kaffee und paffte einen Rauchring. „Der November ist natürlich mit der Materialbeschaffung mehr als ausgefüllt. In manchen Ländern gibt's plötzlich keine Schokolade. Niemand weiß wieso. Oder die Äpfel werden von den Bauern zurückgehalten. Und dann das Theater an den Zollgrenzen. Und die vielen Transportpapiere. Wenn das so weitergeht, muß ich nächstens den Oktober noch dazunehmen. Bis jetzt benutze ich den Oktober eigentlich dazu, mir in stiller Zurückgezogenheit den Bart wachsen zu lassen."

„Sie tragen den Bart nur im Winter?" – „Selbstverständlich. Ich kann doch nicht das ganze Jahr als Weihnachtsmann herumrennen. Dachten Sie, ich behielte auch den Pelz an? Und schleppte 365 Tage den Sack und die Rute durch die Gegend? Na also. – Im Januar mache ich dann die Bilanz. Es ist schrecklich. Weihnachten wird von Jahrhundert zu Jahrhundert teurer!" – „Versteht sich." – „Dann lese ich die Dezemberpost. Vor allem die Kinderbriefe. Es hält kolossal auf, ist aber nötig. Sonst verliert man den Kontakt mit der Kundschaft." – „Klar." – „Anfang Februar lasse ich mir den Bart abnehmen."

In diesem Moment läutete es wieder an der Flurtür. „Entschuldigen Sie mich, bitte?" Er nickte. Draußen vor der Tür stand ein Hausierer mit schreiend bunten Ansichtskarten und erzählte mir eine sehr lange und sehr traurige Geschichte, deren ersten Teil ich mir tapfer und mit zusammengebissenen Ohren anhörte. Dann gab ich ihm das Kleingeld, das ich lose bei mir trug, und wir wünschten einander auch weiterhin alles Gute. Obwohl ich mich standhaft weigerte, drängte er mir als Gegengeschenk ein halbes Dutzend der schrecklichen Karten auf. Er sei, sagte er, schließlich kein Bettler. Ich achtete seinen schönen Stolz und gab nach. Endlich ging er. Als ich ins

Wohnzimmer zurückkam, zog Nikolaus gerade ächzend den rechten Stiefel an. „Ich muß weiter", meinte er, „es hilft nichts. Was haben Sie denn da in der Hand?" – „Postkarten. Ein Hausierer zwang sie mir auf." – „Geben Sie her. Ich weiß Abnehmer. Besten Dank für Ihre Gastfreundschaft. Wenn ich nicht der Weihnachtsmann wäre, könnte ich Sie beneiden."

Wir gingen in den Flur, wo er seine Utensilien aufnahm. „Schade", sagte ich. „Sie sind mir noch einen Teil Ihres Jahreslaufs schuldig." Er zuckte die Achseln. „Viel ist im Grunde nicht zu erzählen. Im Februar kümmere ich mich um den Kinderfasching. Später ziehe ich auf Frühjahrsmärkten umher. Mit Luftballons und billigem mechanischem Spielzeug. Im Sommer bin ich Bademeister und gebe Schwimmunterricht. Manchmal verkaufe ich auch Eiswaffeln in den Straßen. Ja, und dann kommt schon wieder der Herbst – und nun muß ich wirklich gehen."

Wir schüttelten uns die Hand. Ich sah ihm vom Fenster aus nach. Er stapfte mit großen, hastigen Schritten durch den Schnee. An der Ecke Ungerstraße wartete ein Mann auf ihn. Er sah wie der Hausierer aus, wie der redselige mit den blöden Ansichtskarten. Sie bogen gemeinsam um die Ecke. Oder hatte ich mich getäuscht? Eine Viertelstunde danach klingelte es schon wieder. Diesmal erschien der Laufbursche des Delikatessengeschäftes Zimmermann Söhne. Ein angenehmer Besuch! Ich wollte bezahlen, fand aber die Brieftasche nicht gleich.

„Das hat ja Zeit, Herr Doktor", meinte der Bote väterlich. „Ich möchte wetten, daß sie auf dem Schreibtisch gelegen hat!" sagte ich. „Nun gut, ich begleiche die Rechnung morgen. Aber warten Sie noch, ich bring Ihnen eine gute Zigarre!" Die Kiste mit den Zigarren fand ich auch nicht gleich. Das heißt, später fand ich sie ebensowenig. Die Zigarren nicht. Die Brieftasche auch nicht. Das silberne Zigarettenetui war auch nicht zu finden. Und die Manschettenknöpfe mit den großen Mondsteinen und die Frackperlen waren weder an ihrem Platz noch sonstwo. Jedenfalls nicht in meiner Wohnung.

Ich konnte mir gar nicht erklären, wohin das alles geraten sein mochte. Es wurde trotzdem ein stiller hübscher Abend. Es klingelte niemand mehr. Wirklich, ein gelungener Abend. Nur irgendetwas fehlte mir. Aber was? Eine Zigarre? Natürlich! Glücklicherweise war das goldene Feuerzeug auch nicht mehr da. Denn das muß ich, obwohl ich ein ruhiger Mensch bin, bekennen: Feuer zu haben, aber nichts zum Rauchen im Haus, das könnte mir den ganzen Abend verderben!

Das Weihnachtsessen

Judith Pinnow

Ich kann Weihnachten nichts essen. Also ich könnte schon, aber ich kann nicht. Ich krieg es nicht hin. Jedes Jahr versuch ich es aufs Neue. Das kann doch nicht so schwer sein! Alle anderen können es auch. Und ich hätte halt so gerne mal ein richtiges Weihnachtsessen.

Aber da fängt es ja schon an! Was ist denn bitte ein richtiges Weihnachtsessen? Wie soll ich mich auf Ente mit Klößen und Rotkohl freuen, wenn ich weder Klöße noch Rotkohl mag? Wenn ich es nicht mag, kann es auch kein Weihnachtsessen sein, weil man doch an Weihnachten etwas essen sollte, was man wirklich gerne isst. Etwas Besonderes.

Hab ich versucht. Es gab Tacos und Enchiladas, die zum Selberrollen. Alles war bunt und mexikanisch geschmückt. Ich hatte sogar die passende Musik dazu. Es war auch ein sehr netter Abend. Nur leider überhaupt nicht weihnachtlich. Man kann am 24. Dezember nicht mexikanisch essen, wenn man so

etwas wie Weihnachtsgeist im Leib hat.

Und das habe ich. Das habe ich wirklich! Ich kann es sogar beweisen:

Meine Freundin Luise und ich, wir backen in der Adventszeit immer Plätzchen.

Irgendwelche aus Fertigteig, wichtig ist nur, dass meine Kinder sie ausstechen können.

Und unsere Liste ist wichtig. Da stehen Regeln drauf. Dinge wie:

Du sollst Prosecco trinken.

Du sollst eine Schürze tragen.

Du sollst ununterbrochen Weihnachtslieder hören.

Du sollst Mehl an der Nase haben.

Und dann backen wir und die Kinder stechen aus, bis sie keine Lust mehr haben und Luise und ich alleine in der Küche übrigbleiben. Wir trinken noch mehr Prosecco und reden über Männer und Kinder und den Sinn des Lebens, der ja irgendwo dazwischen liegen muss. Die Plätzchen werden fertig – das ist das Schöne an Plätzchen, dass man sie nach zehn Minuten schon aus dem Ofen holen kann. Wir probieren sofort und verbrennen uns die Lippen dabei. Es riecht nach Zimt, die Weihnachts-CD von Rolf Zuckowski läuft das dritte Mal durch, ich hätte längst Abendbrot machen müssen. Aber wir trinken Tee und noch

ein letztes Gläschen Prosecco und tunken Fertigteig-
plätzchen in heiße, glänzende, geschmolzene Schokolade. Verzieren und reden und lachen und vergessen
die Zeit. Das ist für mich Weihnachten. Aber ich
kann am Heiligen Abend doch nicht nur Plätzchen
essen!

Wochen vor Weihnachten bringen alle Zeitschriften
Weihnachtsmenüs raus. Da gibt es Trüffelkanin-
chenkeule an Wirsingpfirsichparfait. So was würde
ich auch unheimlich gerne mal kochen, aber doch
nicht an Weihnachten! Ich will am 24. Dezember
„Warten aufs Christkind" im Fernsehen schauen
und geheimnisvoll mit Geschenkpapier rumra-
scheln. Ich will in die Kirche gehen und allen lieben
Nachbarn eine Kleinigkeit vor die Tür legen. Dann
muss ich noch für meine Kinder das Christkind spielen, also heimlich alle Geschenke unter den Baum
legen, Kerzen anzünden und Glöckchen läuten. Das
Liederbuch muss am Klavier bereitliegen, der Hund
muss eine goldene Schleife tragen. Da hab ich wirklich keine Zeit, auch noch drei Stunden in der Küche
zu stehen.

Deshalb gibt es ja bei vielen Familien Würstchen mit
Kartoffelsalat. Das ist aber nichts für mich. Es ist
mir nicht festlich genug. Es gibt kein Weihnachtses-

sen, das zu uns passt. Die Schweinelendchen voriges Jahr waren mein letzter Versuch. Mein Mann und ich fanden die auch lecker und festlich. Das hilft aber nichts, wenn drei Kinder am Tisch sitzen, die aussehen, als würden sie das Essen gleich wieder auf den Teller spucken.

Ich hab trotzdem eine Lösung: Ich glaube an Traditionen. Es ist ab sofort ganz einfach bei uns Tradition, dass wir an Weihnachten nicht wissen, was wir essen sollen. Traditionell werde ich also irgendetwas kochen, was wir dann alle nicht wirklich mögen.

Wenn wir lange genug am Tisch in unserem Weihnachtsessen rumgestochert haben, setzen wir uns unter den Baum und essen schließlich doch die selbst gebackenen Plätzchen.

So viel Weihnachtsgeist muss sein!

Weihnachtspost

Edith Schreiber-Wicke

Novalis saß am Fenster und schaute den Schnee-
flocken zu. Sie sahen hübsch aus, aber er wusste
genau: Wenn man sie fing, waren sie erst kalt, dann
nass und dann weg. Außerdem musste man dazu ins
Freie gehen, und dort war es derzeit äußerst unge-
mütlich. Es machte mehr Spaß, im warmen Zimmer
zu sitzen und die wirbelnden Dinger mit den Augen
zu verfolgen.
Tina kam, um Novalis zu streicheln. Ein wenig un-
geduldig wich er aus. Dass die Menschen nie be-
merkten, wenn eine Katze anderwärts beschäftigt
war... Besonders die ganz kurzen Menschen, wie
Tina einer war.
„Ich schreib einen Brief ans Christkind", sagte Tina
zu Novalis. „Weil ich mir nämlich eine Menge Sachen wünsche. Und die muss man dem Christkind
aufschreiben, sonst vergisst es womöglich was."
Novalis hörte aufmerksam zu. Das interessierte ihn.
Wünsche hatte er nämlich auch. Tina nahm ein
Stück Papier und begann, blaue Zeichen draufzu-
malen.

Novalis hätte gern gewusst, wer dieses Christkind war. Und wo. Und warum es Wünsche erfüllte. Jedenfalls musste es ziemlich schlau sein, wenn es die Zeichen verstehen konnte, die Tina aufs Papier kritzelte. Novalis schaute mit schiefgelegtem Kopf zu. Ich will auch einen Brief schreiben, dachte er. Und er begann, in Gedanken zu formulieren:

Wertes Christkind,

wenn Du wirklich so lieb bist, wie allgemein behauptet wird, dann ersuche ich Dich höflich um die Erfüllung folgender Wünsche:

1. Keine verschlossenen Türen mehr im Haus. Ich hasse Türen, die zu sind.

2. Öfter mal Fisch zum Frühstück — oder auch zum Abendessen. Ich liebe Fisch.

3. Das Wichtigste: Schick mir einen Kollegen. Menschen sind ganz nett, aber eben doch nur Menschen. Und gelegentlich will man Kätzisch reden.

Es reicht Dir die Pfote zum Gruß und Dank
Novalis, derzeit einziger Kater hier.

So, dachte Novalis. Jetzt muss ich nur noch ein Zeichen auf ein Papier bringen. Das gehört offensichtlich dazu.

Er versuchte es mit einem von Tinas Schreibstiften. Aber das Ding war nicht für Katzenpfoten gedacht. Es rollte über den Tisch und fiel auf den Boden. Tina sagte etwas Unfreundliches zu Novalis.

Beleidigt ging Novalis ins Nebenzimmer. Einer von den großen Menschen saß da und zeichnete schwarze Striche auf ein weißes Papier. Die schwarze Farbe kam aus einem kleinen Tiegel, wie Novalis feststellte. Papier lag auch genug herum. Vorsichtig tauchte Novalis eine Pfote in den Tiegel und setzte sie dann auf weißes Papier.

„Ausgesprochen schön", stellte er fest. „Das wird dem Christkind bestimmt gefallen."

Die laute, aufgeregte Stimme des Menschen schreckte ihn aus seiner Beschäftigung. „Lass das, du Untier. Troll dich da! Ausgerechnet ans Tuschfass muss er! Dieser Kater kostet mich meine letzten Nerven!"

Novalis flüchtete und reinigte seine schwarze Pfote am Vorzimmerteppich.

Menschen!, dachte er verstimmt. Haben einfach von nichts eine Ahnung. Grollend zog er sich unter ein

Sofa zurück und versuchte, seine noch immer schwarze Pfote mit der Zunge zu säubern.

Auf einer geräumigen Wolke saßen mehrere Engel und sortierten Briefe.

„Was sich die Menschen so alles wünschen!", sagte einer der Engel kopfschüttelnd.

„Weiß jemand, was ein Computerspiel ist?", rief ein anderer.

„Keine Ahnung", sagte ein dritter. „Noch nie gehört. Wie ich neu hier war, haben sich die Kinder Märchenbücher und Zuckerwerk vom Christkind gewünscht. Allerhöchstens einmal warme Winterschuhe."

„Oh, was haben wir denn da?" Einer der Engel hob ein weißes Papier mit schwarzen Pfotenabdrücken hoch. „Der Absender muss eine Katze sein. Das kommt nicht oft vor. Kann wer zufällig die Katzenschrift lesen?"

„Der Oberpostengel!", rief jemand.

Und so landete der Brief mit den schwarzen Pfotenspuren auf einer rosaroten Eilwolke, die für den Oberpostengel bestimmt war.

„Du lieber Himmel, ein Brief von einer Katze! So was hab ich zuletzt vor mehr als dreihundert Jahren in den Händen gehabt", brummte der Oberpostengel. Er setzte eine goldgefasste Brille auf und studierte eine Weile die schwarzen Spuren auf dem Papier. „Keine Chance", murmelte er schließlich, „das muss an allerhöchster Stelle erledigt werden." Er gab den Brief einem Express-Engel, der soeben vorbeiflog.

Das Christkind nahm gerade einen Stapel Post aus dem Fach mit der Aufschrift „Unmögliches". So ganz nebenbei fiel sein Blick auf das Blatt Papier, das der Express-Engel abgegeben hatte. Das Christkind lächelte … Wenig später lag der Wunschzettel, den Novalis geschrieben hatte, in der Abteilung „Genehmigt". Versehen mit der eigenhändigen, allerhöchsten Unterschrift.

Novalis war wieder einmal beleidigt. Sie ließen ihn nicht auf den Tannenbaum klettern, den sie im großen Zimmer aufgestellt hatten.

Sie schimpften, weil die Silberbälle alle zerbrochen waren. Er hatte doch nur ausprobiert, ob wenigstens einer hüpfen konnte. Und von den Glitzerfäden am Baum war ihm schrecklich schlecht geworden. Jetzt lag er unter dem Sofa und nahm übel.

Weihnachten ist blöd, dachte er. Nie wieder schreib ich dem Christkind einen Brief.

Die großen Menschen stapelten Pakete rund um den Tannenbaum. Es raschelte interessant, und Novalis kam unter dem Sofa hervor. Aber jetzt war es ihnen wieder nicht recht, dass er anfing, auszupacken. Obwohl er das mit seinen Krallen wirklich hervorragend konnte.

„Das ist kein Kater, das ist eine Katastrophe", sagte einer der Menschen.

Novalis verstand nicht genau, was damit gemeint war. Aber dass es nichts Freundliches war, merkte auch der dickfelligste Kater. Und Novalis war nicht besonders dickfellig.

Er ging, um bei Tina Trost zu suchen. Die Zimmertür war wieder einmal zu. Auch das noch. Und niemand reagierte auf seine empörte Beschwerde. Zur Strafe kratzte er am Spannteppich. Dann legte er sich in eine Schachtel unter dem großen, gemauerten Ofen und beschloss, Weihnachten zu verschlafen. Nach Katzenart schlief er auch tatsächlich sofort ein.

Novalis wachte von Tinas Stimme auf. „Novalis ist weg. Ich find ihn nirgends", beklagte sie sich. „Ohne ihn kann man doch nicht Weihnachten feiern." Novalis fühlte sich verstanden, gähnte zufrieden und kam aus seinem Versteck.

„Wir lesen noch eine Weihnachtsgeschichte, bis es dunkel ist", sagte einer der großen Menschen.

„Komm zuhören, Novalis!", rief Tina. „Geschichten sind fein."

Na gut, weil Weihnachten ist, dachte Novalis friedfertig und legte sich neben Tina aufs Sofa. Der Mensch mit der tiefen Stimme begann, aus einem dicken Buch vorzulesen.

Den Anfang der Geschichte versäumte Novalis, weil er versuchte, eine Fliege zu fangen. Aber dann hörte er zu. Es war alles ganz furchtbar traurig. Nirgends wollte man Josef und Maria einen Schlafplatz und was zu essen geben. Wo es doch so kalt draußen war. Novalis war nicht ganz sicher, ob mit Josef und Maria Menschen oder Katzen gemeint waren. Das machte aber auch keinen Unterschied. Nicht einmal einen Menschen durfte man bei so einem Wetter fortjagen! Er schüttelte sich bei dem Gedanken an Schnee, Kälte und Hunger.

„Seid barmherzig, lasst uns ein", las der große Mensch.

Novalis stellte die Ohren auf. Irgendwas scharrte an der Tür. „Packt euch fort, hier ist kein Platz für euch", las der Mensch weiter. Diesmal war das Geräusch an der Tür nicht zu überhören.

„Passt ja direkt zur Geschichte", sagte der Mensch. Er legte das Buch weg und ging hinaus, um nachzuschauen.

„Seht einmal, was da draußen war", sagte der Mensch, als er wieder hereinkam. Er setzte ein struppiges, nasses Etwas auf den Fußboden, das sich zunächst einmal kräftig schüttelte und dann dreimal nieste. Das könnte eine Katze werden, wenn es trocknet, dachte Novalis.

Er ging schnuppernd näher. Das nasse Etwas nieste wieder und wich vor Novalis zurück.

„Kommst du vom Christkind?", fragte Novalis.

„Kenn ich nicht", sagte das Nasse. „Ich geh am besten wieder."

„Kommt nicht in Frage", brummte Novalis. „Du bist mein Weihnachtsgeschenk."

„Ich koche Fisch für die Katzen", sagte der Mensch mit der hellen Stimme.

Noch ein Geschenk, staunte Novalis. Nie wieder schimpf ich auf Weihnachten.

Nach einer Weile kam der Mensch mit der hellen Stimme wieder und sagte zu dem Menschen mit der dunklen Stimme: „Hast du schon bemerkt? Im ganzen Haus kann man die Türen nicht mehr zumachen. Sie klemmen oder so was Ähnliches."

Also gründlich ist es. Das muss man dem Christkind wirklich lassen, dachte Novalis.

Will das Glück

Wilhelm Busch

Will das Glück nach seinem Sinn
dir was Gutes schenken,
sage Dank und nimm es hin
ohne viel Bedenken.
Jede Gabe sei begrüßt,
doch vor allen Dingen:

Punschlied

Friedrich von Schiller

Vier Elemente,
innig gesellt,
bilden das Leben,
bauen die Welt.

Presst der Zitrone
saftigen Stern,
herb ist des Lebens
innerster Kern.

Jetzt mit des Zuckers
linderndem Saft
zähmet die herbe
brennende Kraft,

gießet des Wassers
sprudelnden Schwall,
Wasser umfänget
ruhig das All.

Tropfen des Geistes
gießet hinein,
Leben im Leben
gibt er allein.

Eh es verdüftet,
schöpfet es schnell,
nur wenn er glühet,
labet der Quell.

Die Geschichte vom Weihnachtsbraten

Margret Rettich

Einmal fand ein Mann am Strand eine Gans. Tags zuvor hatte der Novembersturm getobt. Sicher war sie zu weit hinausgeschwommen, dann abgetrieben und von den Wellen wieder an Land geworfen worden. In der Nähe hatte niemand Gänse. Es war eine richtige weiße Hausgans. Der Mann steckte sie unter seine Jacke und brachte sie seiner Frau: „Hier ist unser Weihnachtsbraten."

Beide hatten noch niemals ein Tier gehabt, darum hatten sie auch keinen Stall. Der Mann baute aus Pfosten, Brettern und Dachpappe einen Verschlag an der Hauswand. Die Frau legte Säcke hinein und darüber einen alten Pullover. In die Ecke stellte sie einen Topf mit Wasser.

„Weißt du, was Gänse fressen?", fragte sie.

„Keine Ahnung", sagte der Mann.

Sie probierten es mit Kartoffeln und mit Brot, aber die Gans rührte nichts an. Sie mochte auch keinen Reis und nicht den Rest vom Sonntagsnapfkuchen.

„Sie hat Heimweh nach anderen Gänsen", sagte die Frau.

Die Gans wehrte sich nicht, als sie in die Küche getragen wurde. Sie saß still unter dem Tisch. Der Mann und die Frau hockten vor ihr, um sie aufzumuntern.

„Wir sind eben keine Gänse", sagte der Mann.

Er setzte sich auf seinen Stuhl und suchte im Radio nach Blasmusik. Die Frau saß neben ihm am Tisch und klapperte mit den Stricknadeln. Es war sehr gemütlich. Plötzlich fraß die Gans Haferflocken und ein wenig vom Napfkuchen.

„Er lebt sich ein, der liebe Weihnachtsbraten", sagte der Mann.

Bereits am anderen Morgen watschelte die Gans überall herum. Sie streckte den Hals durch offene Türen, knabberte an der Gardine und machte einen Klecks auf den Fußabstreifer.

Es war ein einfaches Haus, in dem der Mann und die Frau wohnten. Es gab keine Wasserleitung, sondern nur eine Pumpe. Als der Mann einen Eimer voll Wasser pumpte, wie er es jeden Morgen tat, ehe er zur Arbeit ging, kam die Gans, kletterte in den Eimer und badete. Das Wasser schwappte über und der Mann musste noch einmal pumpen.

Im Garten stand ein kleines Holzhäuschen, das war eine Toilette. Als die Frau dorthin ging, lief die Gans hinterher und drängte sich mit hinein. Später ging sie mit der Frau zusammen zum Bäcker und in den Milchladen.

Als der Mann am Nachmittag auf seinem Rad von der Arbeit kam, standen die Frau und die Gans an der Gartenpforte.

„Jetzt mag sie auch Kartoffeln", erzählte die Frau.

„Brav", sagte der Mann und streichelte der Gans über den Kopf, „dann wird sie bis Weihnachten rund und fett."

Der Verschlag wurde nie benutzt, denn die Gans blieb jede Nacht in der warmen Küche. Sie fraß und fraß. Manchmal setzte die Frau sie auf die Waage, und jedes Mal war sie schwerer.

Wenn der Mann und die Frau am Abend mit der Gans zusammensaßen, malten sich beide die herrlichsten Weihnachtsessen aus.

„Gänsebraten und Rotkohl, das passt gut", meinte die Frau und kraulte die Gans auf ihrem Schoß. Der Mann hätte zwar statt Rotkohl lieber Sauerkraut gehabt, aber die Hauptsache waren für ihn die Klöße.

„Sie müssen groß sein wie mein Kopf und alle genau gleich", sagte er.

„Und aus rohen Kartoffeln", ergänzte die Frau.

„Nein, aus gekochten", behauptete der Mann.

Dann einigten sie sich auf Klöße halb aus rohen und halb aus gekochten Kartoffeln. Wenn sie ins Bett gingen, lag die Gans am Fußende und wärmte sie.

Mit einem Mal war Weihnachten da. Die Frau schmückte einen kleinen Baum. Der Mann radelte zum Kaufmann und holte alles, was sie für den großen Festschmaus brauchten. Außerdem brachte er ein Kilo extrafeine Haferflocken.

„Wenn es auch ihre letzten sind", seufzte er, „soll sie doch wissen, dass Weihnachten ist."

„Was ich sagen wollte", meinte die Frau, „wie, denkst du, sollten wir… ich meine… wir müssten doch nun…"

Aber weiter kam sie nicht.

Der Mann sagte eine Weile nichts. Und dann: „Ich kann es nicht."

„Ich auch nicht", sagte die Frau. „Ja, wenn es eine x-beliebige wäre. Aber nicht diese hier. Nein, ich kann es auf gar keinen Fall."

Der Mann packte die Gans und klemmte sie in den Gepäckträger. Dann fuhr er auf dem Rad zum Nachbarn. Die Frau kochte inzwischen den Rotkohl und machte Klöße, einen genauso groß wie den anderen.

Der Nachbar wohnte zwar ziemlich weit weg, aber doch nicht so weit, dass es eine Tagesreise hätte werden müssen. Trotzdem kam der Mann erst am Abend wieder. Die Gans saß friedlich hinter ihm.

„Ich habe den Nachbarn nicht angetroffen, da sind wir etwas herumgeradelt", sagte er verlegen.

„Macht gar nichts", rief die Frau munter, „als du fort warst, habe ich mir überlegt, dass es den feinen Geschmack des Rotkohls und der Klöße nur stört, wenn man noch etwas anderes dazu auftischt."

Die Frau hatte recht, und sie hatten ein gutes Essen. Die Gans verspeiste zu ihren Füßen die extra feinen Haferflocken. Später saßen sie alle drei nebeneinander auf dem Sofa in der guten Stube und sahen in das Kerzenlicht.

Übrigens kochte die Frau im nächsten Jahr zu den Klößen zur Abwechslung Sauerkraut. Im Jahr darauf gab es zum Sauerkraut breite Bandnudeln. Das sind so gute Sachen, dass man nichts anderes dazu essen sollte. Inzwischen ist viel Zeit vergangen.

Winter

Heinz Erhardt

Wenn die Blätter von den Bäumen stürzen,
die Tage täglich sich verkürzen,
wenn Amsel, Drossel, Fink und Meisen
die Koffer packen und verreisen,
wenn all die Maden, Motten, Mücken,
die wir versäumten zu zerdrücken,
von selber sterben – so glaubt mir:
Es steht der Winter vor der Tür!
Ich lass ihn stehen!
Ich spiel ihm einen Possen!
Ich hab die Tür verriegelt
und gut abgeschlossen!
Er kann nicht rein!
Ich hab ihn angeschmiert!
Nun steht der Winter vor der Tür – – –
und friert!

Last Christmas

Judith Pinnow

Weihnachten mit kleinen Kindern ist magisch, geheimnisvoll und wunderschön.

Vor allem unser letztes: Schon gegen 5:10 Uhr werden wir mit den Worten „Wann kommt das Christkind?" und „Krieg ich jetzt Geschenke?!" geweckt. Bis zum ersten Kaffee, den wir ergeben um 6:12 Uhr in der Küche trinken, während es draußen noch stockdunkel ist und Menschen ohne Kinder selig in ihren Betten liegen und träumen können, haben wir diese Fragen schon etwa 49-mal beantworten müssen. Immer gleich übrigens: „Heute Abend, Schätzchen."

Um 10 Uhr – die Kinder schauen schon seit fast zwei Stunden *Warten aufs Christkind* – schalte ich den Fernseher aus.

Leider wurden die wichtigen Fragen nicht vergessen. „Wie lange noch bis zur Bescherung?", variiert Natascha, unsere Älteste, die Dauerfrage.

„Nur noch acht Stunden", sagt mein Mann.

Wir tun alles, damit diese acht Stunden schnell rumgehen. Wir laufen bei vier Grad und Nebel im Tierpark herum, wir schneiden kleine, große und vor allem windschiefe Sterne aus, wir essen aus Tradition Mittag in einem Fast-Food-Restaurant und treffen andere Eltern, die den Tag bis zum Abend irgendwie rumkriegen müssen.

Dann fällt mir plötzlich eine Kiste im Fahrradschuppen ein, in der ich noch Geschenke für die Kinder versteckt habe.

Uneingepackte Geschenke!

Also muss mein Mann die unwillige Mannschaft auf den Spielplatz zerren, damit ich hektisch einpacken kann. Doch viel zu früh steht er mit den drei Kindern wieder vor der Tür.

„Ich bin noch nicht fertig!", zische ich.

„Und ich bin durchgefroren und genervt!", zischt er zurück.

„Der Papa macht jetzt den Kamin an!", verkünde ich betont fröhlich und schiebe meinen Liebsten Richtung Wohnzimmer.

Ich packe den Rest ein und mache zwischendurch Kakao für alle, während mein Mann den aufgekratzten Kindern etwas vorliest.

Dann haben wir es geschafft. Es ist halb vier und wir können uns fertig machen für die Kirche. Leider heult unsere Nelli wegen jeder Kleinigkeit und wird einfach nicht fertig mit dem Anziehen. Ich nehme sie auf meinen Schoß, um ihr die Stiefel an die Füße zu basteln. Dabei merke ich, wie warm sie ist.

„Oh nein", seufze ich und halte meine Hand auf ihre Stirn. „Du hast ja Fieber. Darum bist du auch so ein Heulbär!"

Ich ziehe ihr die Jacke wieder aus, Stefan und ich beraten uns kurz, wer mit ihr zu Hause bleibt, und ich fahre mit Natascha und Nick alleine los. Auf dem ganzen Weg in die Kirche heult jetzt Nick, weil er glaubt, dass das Christkind nicht kommen wird, wenn nicht alle das Haus verlassen haben.

Natascha hat schließlich das rettende Argument: „Nelli ist krank, und zu kranken Kinder kommt das Christkind auf alle Fälle. Sogar als Erstes!" Das überzeugt ihn und wir können uns in die überfüllte Kirche quetschen.

Gefühlte drei Stunden später schlendern wir gut gelaunt zurück zum Auto. Natascha und Nick hüpfen und singen „Heute, Kinder, wird's was geben". Es ist dunkel. Überall glitzern Lichter und erwartungsvolle Kinderaugen.

Mein Blick fällt auf mein Handy. Sieben Anrufe in Abwesenheit. Vier neue SMS:

Wo bitte hast du unsere Geschenke versteckt?
Hab sie!

Kann das Glöckchen nicht finden!
Kerzen sind alle. Und die Weihnachtslieder-CD ist
weg.
Ich seufze und fahre los, dem Wahnsinn entgegen.
Die Kinder werden in Nataschas Zimmer geparkt,
wo sie fleißig Weihnachtslieder singen. Nelli hat
hochrote Bäckchen, übersteht den Abend aber dank
Fiebersaft. Ich zaubere Kerzen und die Weihnachtslieder-CD aus dem Chaos, das Glöckchen bleibt verschwunden.
„Klingelingeling!", rufe ich deshalb und drei Paar
Kinderfüße stürmen die Treppe runter.
Papier fliegt, alle schreien und jubeln, mein Mann
filmt, ich tröste, weil es kein echtes Pferd gibt, und
vier Minuten später sind wir mit der Bescherung
durch.
Beim Abendessen sitzen Stefan und ich größtenteils
allein am Tisch, weil die Kinder sich lieber an ihren
süßen Tellern bedienen und ein gigantisches Spiel-
zeugschloss aufbauen müssen. Aber so muss das
auch sein, es ist schließlich Weihnachten. Wir erklären der kranken Nelli, die wieder angefangen hat zu
weinen, dass Natascha wirklich weder mehr noch
bessere Geschenke bekommen hat, erinnern Nick
daran, auf die Toilette zu gehen, besorgen Unmengen

von Batterien, die mein Mann glücklicherweise immer im Schrank hat, und prosten uns zwischendurch mit Sekt zu.

Gegen halb neun sind wir alle völlig fertig und drei von uns werden ins Bett gebracht. Vorher müssen wir noch einen kleinen Umzug durchführen, weil Natascha die tolle Idee hatte, all ihre Geschenke direkt ans Bett zu stellen, damit sie sie am nächsten Morgen gleich sehen kann, wenn sie aufwacht. Nelli heult, dass sie das auch will. Nick schleppt seinen Kran selbst die Treppe hoch, der bedenklich wackelt, doch ich darf ihn nicht anfassen, weil mein Sohn ständig schreit: „Alleine! Ich mach das alleine!" Aber trotz der Aufregung schlafen sie schließlich alle ein.

Ich räume die Papierberge weg, dimme das Licht, lege die Weihnachtslieder-CD nochmal ein und kuschel mich zu meinem Mann aufs Sofa. Draußen fängt es sachte an zu schneien. Wir halten uns an den Händen und schweigen andächtig, bis mein Mann murmelt: „Da unten ist was Hartes…" Er zieht ein Playmobilmännchen hinter seinem Rücken hervor und wir müssen lachen.

Weihnachten mit kleinen Kindern ist für Eltern weder magisch noch geheimnisvoll, aber ganz sicher wunderschön!

Der Glückwunsch

Joachim Ringelnatz

Ein Glückwunsch ging ins neue Jahr,
ins Heute aus dem Gestern.
Man hörte ihn sylvestern.
Er war sich aber selbst nicht klar,
wie eigentlich sein Hergang war
und ob ihn die Vergangenheit
bewegte oder neue Zeit.
Doch brachte er sich dar, und zwar
undeutlich und verlegen.

Weil man ihn nicht so ganz verstand,
so drückte man sich froh die Hand
und nahm ihn gern entgegen.

Zwölf mit der Post

Hans Christian Andersen

Es war eine schneidende Kälte, sternenheller Himmel, kein Lüftchen regte sich.

‚Bums!‘ Da wurde ein alter Topf an die Haustüre des Nachbarn geworfen. ‚Puff, paff!‘ Dort knallte die Büchse; man begrüßte das neue Jahr. Es war Neujahrsnacht! Jetzt schlug die Turmuhr zwölf!

‚Trateratra!‘ Die Post kam angefahren. Der große Postwagen hielt vor dem Stadttor an. Er brachte zwölf Personen mit, alle Plätze waren besetzt.

„Hurra! Hurra! Hoch!“, sangen die Leute in den Häusern der Stadt, wo die Neujahrsnacht gefeiert wurde und man sich beim zwölften Schlage mit dem gefüllten Glas erhob, um das neue Jahr hoch leben zu lassen.

„Prost Neujahr!“, hieß es. „Ein schönes Weib! Viel Geld! Keinen Ärger und Verdruss!“

Das wünschte man sich gegenseitig, und darauf stieß man mit den Gläsern an, dass es klang und sang – und vor dem Stadttor hielt der Postwagen mit den fremden Gästen, den zwölf Reisenden.

Und wer waren diese Fremden? Jeder von ihnen führ-

te seinen Reisepass und sein Gepäck bei sich; ja, sie brachten sogar Geschenke für mich und dich und alle Menschen des Städtchens mit. Wer waren sie, was wollten sie und was brachten sie?

„Guten Morgen!", riefen sie der Schildwache am Eingange des Stadttores zu.

„Guten Morgen!", antwortete diese, denn die Uhr hatte ja zwölf geschlagen. „Ihr Name? Ihr Stand?", fragte die Schildwache den von ihnen, der zuerst aus dem Wagen stieg.

„Sehen Sie selbst im Pass nach", antwortete der Mann. „Ich bin ich!" Und es war auch ein ganzer Kerl, angetan mit Bärenpelz und Pelzstiefeln. „Ich bin der Mann, in den sehr viele Leute ihre Hoffnung setzen. Komm morgen zu mir; ich gebe dir ein Neujahrsgeschenk! Ich werfe Groschen und Taler unter die Leute, ja ich gebe auch Bälle, volle einunddreißig Bälle, mehr Nächte kann ich aber nicht draufgehen lassen. Meine Schiffe sind eingefroren, aber in meinem Arbeitsraum ist es warm und gemütlich. Ich bin Kaufmann, heiße Januar und führe nur Rechnungen bei mir."

Nun stieg der zweite aus, der war ein Bruder Lustig; er war Schauspieldirektor, Direktor der Maskenbälle und aller Vergnügungen, die man sich nur denken kann. Sein Gepäck bestand aus einer großen Tonne. „Aus der Tonne", sagte er, „wollen wir zur Fastnachtszeit die Katze herausjagen. Ich werde euch schon Vergnügen bereiten und mir auch; alle Tage lustig! Ich habe nicht gerade lange zu leben; von der ganzen Familie die kürzeste Zeit; ich werde nämlich nur achtundzwanzig Tage alt. Bisweilen schalten sie mir zwar auch noch einen Tag ein – aber das kümmert mich wenig, hurra!"

„Sie dürfen nicht so schreien!", sagte die Schildwache.

„Ei was, freilich darf ich schreien", rief der Mann, „ich bin Prinz Karneval und reise unter dem Namen Februarius."

Jetzt stieg der dritte aus; er sah wie das leibhaftige Fasten aus, aber er trug die Nase hoch, denn er war verwandt mit den ‚vierzig Rittern' und war Wetterprophet. Allein das ist kein fettes Amt, und deshalb pries er auch die Fasten. In einem Knopfloche trug er auch ein Sträußchen Veilchen, auch diese waren sehr klein.

„März! März!", rief der vierte ihm nach und schlug ihn auf die Schulter; „riechst du nichts? Geschwind in die Wachstube hinein, dort trinken sie Punsch, deinen Leib- und Labetrunk; ich rieche es schon hier außen. Marsch, Herr Martius!" – Aber es war nicht wahr, der wollte ihn nur den Einfluss seines Namens fühlen lassen, ihn in den April schicken; denn damit begann der vierte seinen Lebenslauf in der Stadt. Er sah überhaupt sehr flott aus; arbeiten tat er nur sehr wenig; desto mehr aber machte er Feiertage. „Wenn es nur etwas beständiger in der Welt wäre", sagte er; „aber bald ist man gut, bald schlecht gelaunt, je nach Verhältnissen; bald Regen, bald Sonnenschein; ein- und ausziehen! Ich bin auch so eine Art Wohnungsvermietunternehmer, ich kann lachen und weinen, je nach Umständen! Im Koffer hier habe ich Sommergarderobe, aber es würde sehr töricht sein, sie anzuziehen. Hier bin ich nun! Sonntags geh ich in Schuhen und weißseidenen Strümpfen und mit Muff spazieren."

Nach ihm stieg eine Dame aus dem Wagen. Fräulein Mai nannte sie sich. Sie trug einen Sommermantel und Überschuhe, ein lindenblattartiges Kleid, Anemonen im Haare, und dazu duftete sie dermaßen nach Waldmeister, dass die Schildwache niesen musste. „Zur Gesundheit und Gottes Segen!", sagte sie, das war ihr Gruß. Wie sie niedlich war! Und Sängerin war sie, nicht Theatersängerin, auch nicht Bänkelsängerin, nein, Sängerin des Waldes; den frischen, grünen Wald durchstreifte sie und sang dort zu ihrem eigenen Vergnügen.

„Jetzt kommt die junge Frau!", riefen die drinnen im Wagen, und aus stieg die junge Frau, fein, stolz und niedlich. Man sah es ihr an, dass sie, Frau Juni, von faulen Siebenschläfern bedient zu werden gewohnt war. Am längsten Tage des Jahres gab sie große Gesellschaft, damit die Gäste Zeit haben möchten, die vielen Gerichte der Tafel zu verzehren. Sie hatte zwar ihren eigenen Wagen; allein sie reiste dennoch mit der Post wie die andern, weil sie zeigen wollte, dass sie nicht hochmütig sei. Aber ohne Begleitung war sie nicht; ihr jüngerer Bruder Julius war bei ihr.

Er war ein wohlgenährter Bursche, sommerlich angekleidet und mit Panamahut. Er führte nur wenig Gepäck bei sich, weil dies bei großer Hitze zu beschwerlich sei; deshalb hatte er sich nur mit einer Schwimmhose versehen, und dies ist nicht viel.

Darauf kam die Mutter selbst, Madame August, Obsthändlerin en gros, Besitzerin einer Menge Fischteiche, sie war dick und heiß, fasste selbst überall an, trug eigenhändig den Arbeitern Bier auf das Feld hinaus. „Im Schweiße deines Angesichtes sollst du dein Brot essen!", sagte sie, „das steht in der Bibel. Hinterdrein kommen die Spazierfahrten, Tanz und Spiel und die Erntefeste!" Sie war eine tüchtige Hausfrau.

Nach ihr stieg wieder ein Mann aus der Kutsche, ein Maler, Herr Koloriermeister September; der musste den Wald bekommen; die Blätter mussten Farbe wechseln, aber wie schön; wenn er es wollte, schillerte der Wald bald in Rot, Gelb oder Braun. Der Meister pfiff wie der schwarze Star, war ein flinker Arbeiter und wand die blaugrüne Hopfenranke um seinen Bierkrug. Das putzte den Krug, und für Ausputz hatte er gerade Sinn. Da stand er nun mit seinem Farbentopfe, der war sein ganzes Gepäck!

Ihm folgte der Gutsbesitzer, der an den Saatmonat, an das Pflügen und Beackern des Bodens, auch an die Jagdvergnügungen dachte; Herr Oktober führte Hund und Büchse mit sich, hatte Nüsse in seiner Jagdtasche – ,knick, knack!' Er hatte viel Reisegut bei sich, sogar einen englischen Pflug; er sprach von der Landwirtschaft; aber vor lauter Husten und Stöhnen seines Nachbarn vernahm man nicht viel davon.

Der November war es, der so hustete, während er ausstieg. Er war sehr mit Schnupfen behaftet; er putzte sich fortwährend die Nase, und doch, sagte er, müsse er die Dienstmädchen begleiten und sie in ihre neuen Winterdienste einführen; die Erkältung, meinte er, verliere sich schon wieder, wenn er ans Holzmachen ginge, und Holz müsse er sägen und spalten; denn er sei Sägemeister der Holzmacherinnung.

Endlich kam der letzte Reisende zum Vorschein, das alte Mütterchen Dezember mit der Feuerkiepe; die Alte fror, aber ihre Augen strahlten wie zwei helle Sterne. Sie trug einen Blumentopf auf dem Arme, in dem ein kleiner Tannenbaum eingepflanzt war. „Den Baum will ich hegen und pflegen, damit er gedeihe und groß werde bis zum Weihnachtsabend, vom Fußboden bis an die Decke reiche und emporschieße mit flammenden Lichtern, goldenen Äpfeln und ausgeschnittenen Figürchen. Die Feuerkiepe wärmt wie ein Ofen; ich hole das Märchenbuch aus der Tasche und lese laut aus ihm vor, dass alle Kinder im Zimmer still, die Figürchen an dem Baume aber lebendig werden und der kleine Engel von Wachs auf der äußersten Spitze die Flittergoldflügel ausbreitet, herabfliegt vom grünen Sitze und klein und groß im Zimmer küsst, ja, auch die armen Kinder küsst, die draußen auf dem Flure und auf der Straße stehen und das Weihnachtslied von dem Bethlehemsgestirne singen."

„So! Jetzt kann die Kutsche abfahren", sagte die Schildwache, „wir haben sie alle zwölf. Der Beiwagen mag vorfahren!"

„Lass doch erst die zwölf zu mir herein!", sprach der Wachhabende, „einen nach dem andern! Die Pässe behalte ich hier; sie gelten jeder einen Monat; wenn der verstrichen ist, werde ich das Verhalten auf dem Passe bescheinigen. Herr Januar, belieben Sie näher zu treten."

Und Herr Januar trat näher.

Wenn ein Jahr verstrichen ist, werde ich dir sagen, was die zwölf uns allen gebracht haben. Jetzt weiß ich es noch nicht, und sie wissen es wohl selbst nicht – denn es ist eine seltsam unruhige Zeit, in der wir leben.

Quellen

Heinz Erhardt, Winter, aus: Heinz Erhardt, Der große Heinz Erhardt, © Lappan in der Carlsen Verlag GmbH, Hamburg 2009

Nicole Franz, Um Himmels willen. Eine Weihnachtsgeschichte, © bei der Autorin

Erwin Grosche, Das dritte Bein – ein Weihnachtswunder, © beim Autor

Franz Hohler, Die Verkündung, © beim Autor

Jess Jochimsen, Die Mutter aller Sätze, © beim Autor, in anderer Form unter dem Titel „Vier Kerzen für ein Halleluja" erschienen in: Alles Gute kommt von oben, hrsg. v. Julika Jänicke, München 2004 (dtv)

Wladimir Kaminer, Der Supermann, © beim Autor

Erich Kästner, Interview mit dem Weihnachtsmann, aus: Erich Kästner, Interview mit dem Weihnachtsmann, Hanser Verlag, München Wien 1998, © Thomas Kästner

Erich Kästner, Der Weihnachtsabend des Kellners, aus: Erich Kästner, Doktor Erich Kästners lyrische Hausapotheke, © Atrium Verlag, Zürich 1936 und Thomas Kästner

Robert Lembke, Schenk-Zettel, aus: Robert Lembke, Das große Robert Lembke Buch, © 1976 by LangenMüller in der F. A. Herbig Verlagsbuchhandlung GmbH, München

Christine Nöstlinger, Advent, Advent, aus: Christine Nöstlinger, Fröhliche Weihnachten, liebes Christkind!, © 2021, Fischer Kinder- und Jugendbuch Verlag GmbH, Frankfurt am Main. Erstmals erschienen im Dachs Verlag 1997

Judith Pinnow, Last Christmas, Das Weihnachtsessen © bei der Autorin

Stefan Pinnow, Der Weihnachts-Champion, © beim Autor

Margret Rettich, Die Geschichte vom Weihnachtsbraten, aus: Margret Rettich, Wirklich wahre Weihnachtsgeschichten, © Ueberreuter Verlag GmbH, Berlin 2011

Edith Schreiber-Wicke, Weihnachtspost, © bei der Autorin

Jürgen Spohn, Schicksal, © bei Barbara Spohn

Frantz Wittkamp, Einnachten, Zweinachten, © beim Autor

Wir danken den Autoren und Verlagen für die freundliche Abdruckgenehmigung.